POR UNA IGLESIA SINODAL: COMUNIÓN, PARTICIPACIÓN Y MISIÓN

Documento final

PAPA FRANCISCO

XVI ASAMBLEA GENERAL ORDINARIA
DEL SÍNODO DE LOS OBISPOS

POR UNA IGLESIA SINODAL: COMUNIÓN, PARTICIPACIÓN Y MISIÓN

Segunda Sesión
2-27 de octubre de 2024, Ciudad del Vaticano

Documento final

SAN PABLO

3.ª edición

© SAN PABLO 2025
  Protasio Gómez, 11-15. 28027 Madrid
  Tel. 917 425 113
  secretaria.edit@sanpablo.es - www.sanpablo.es

© 2024 Dicasterio para la Comunicación- Libreria Editrice Vaticana
  All rights reserved International Copyright handled by Libreria Editrice Vaticana
  00120 Ciudad del Vaticano - Tel. 06 698.45780

Distribución: SAN PABLO. División Comercial
Resina, 1. 28021 Madrid * Tel. 917 987 375
ISBN: 978-84-285-7262-0
Depósito legal: M. 305-2025
Impreso en Artes Gráficas Gar.Vi. 28970 Humanes (Madrid)
Printed in Spain. Impreso en España

Siglas

AA   CONCILIO VATICANO II, Decreto *Apostolicam actuositatem* (18 de noviembre de 1965).

AG   CONCILIO VATICANO II, Decreto *Ad gentes* (7 de diciembre de 1965).

AL   PAPA FRANCISCO, Exhortación apostólica *Amoris laetitia* (19 de marzo de 2016).

CCEO   *Codex Canonum Ecclesiarum Orientalium* (18 de octubre de 1990).

CD   CONCILIO VATICANO II, Decreto *Christus Dominus* (28 de octubre de 1965).

CIC   *Codex Iuris Canonici* (25 de enero de 1983).

CTI   COMISIÓN TEOLÓGICA INTERNACIONAL, *La sinodalidad en la vida y en la misión de la Iglesia* (2 de marzo de 2018).

CV   PAPA FRANCISCO, Exhortación apostólica postsinodal *Christus vivit* (25 de marzo de 2019).

DD   PAPA FRANCISCO, Carta apostólica *Desiderio desideravi* (29 de junio de 2022).

DEC   XVI ASAMBLEA GENERAL ORDINARIA DEL SÍNODO DE LOS OBISPOS, *Documento de trabajo para la etapa continental* (27 de octubre de 2022).

DN   PAPA FRANCISCO, Carta encíclica *Dilexit nos* (24 de octubre de 2024).

DV   CONCILIO VATICANO II, Constitución dogmática *Dei Verbum* (18 de noviembre de 1965).

EC   PAPA FRANCISCO, Constitución apostólica *Episcopalis communio* (15 de septiembre de 2018).

EG   PAPA FRANCISCO, Exhortación apostólica *Evangelii gaudium* (24 de noviembre de 2013).

EN   S. PABLO VI, Exhortación apostólica *Evangelii nuntiandi* (8 de diciembre de 1975).

FT   PAPA FRANCISCO, Carta encíclica *Fratelli tutti* (3 de octubre de 2020).

GS   CONCILIO VATICANO II, Constitución pastoral *Gaudium et spes* (7 de diciembre de 1965).

LG   CONCILIO VATICANO II, Constitución dogmática *Lumen gentium* (21 de noviembre de 1964).

LS   PAPA FRANCISCO, Carta encíclica *Laudato si´* (24 de mayo de 2015).

MC   S. PABLO VI, Exhortación apostólica *Marialis cultus* (2 de febrero de 1974).

NMI   S. JUAN PABLO II, Exhortación apostólica *Novo millennio ineunte* (6 de enero de 2001).

PE   PAPA FRANCISCO, Constitución apostólica *Praedicate Evangelium* (19 de marzo de 2022).

SC   CONCILIO VATICANO II, Constitución *Sacrosanctum Concilium* (4 de diciembre de 1963).

SRS   S. JUAN PABLO II, Carta encíclica *Sollicitudo rei socialis* (30 de diciembre de 1987).

UR   CONCILIO VATICANO II, Decreto *Unitatis redintegratio* (21 de noviembre de 1964).

UUS   S. JUAN PABLO II, Carta encíclica *Ut unum sint* (25 de mayo de 1995).

Nota de acompañamiento del Santo Padre Francisco

En los diversos momentos del camino del Sínodo que inicié en octubre de 2021, hemos estado a la escucha de lo que el Espíritu Santo dice a las Iglesias en este tiempo.

El *Documento final* de la XVI Asamblea General Ordinaria del Sínodo de los Obispos recoge los frutos de un camino marcado por la escucha del Pueblo de Dios y por el discernimiento de los pastores. Dejándose iluminar por el Espíritu Santo, toda la Iglesia ha sido llamada a leer su propia experiencia y a identificar los pasos a dar para vivir la comunión, realizar la participación y promover la misión que Jesucristo le confió. El proceso sinodal, iniciado en las Iglesias locales, pasó después por las fases nacional y continental, hasta llegar a la celebración de la Asamblea del Sínodo de los Obispos en las dos sesiones de octubre de 2023 y octubre de 2024. Ahora el camino continúa en las Iglesias locales y sus agrupaciones, valorando y teniendo muy en cuenta el

Documento final, que fue votado y aprobado por la Asamblea en todas sus partes el 26 de octubre de 2024. Yo también lo aprobé y, firmándolo, encargué su publicación, uniéndome al «nosotros» de la Asamblea que, a través del *Documento final,* se dirige al santo Pueblo fiel de Dios.

Reconociendo el valor del camino sinodal realizado, entrego ahora a toda la Iglesia las indicaciones contenidas en el *Documento final,* como restitución de lo que ha madurado en estos años, a través de la escucha y el discernimiento, y como orientación autorizada para su vida y misión.

El *Documento final* participa del Magisterio ordinario del Sucesor de Pedro (cf EC 18 § 1; CIC 892) y pido que sea acogido como tal. Representa una forma de ejercicio de la enseñanza auténtica del Obispo de Roma que presenta algunos rasgos novedosos pero que, en realidad, corresponde a lo que tuve ocasión de precisar el 17 de octubre de 2015, cuando afirmé que la sinodalidad es el marco interpretativo adecuado para comprender el ministerio jerárquico.

Al aprobar el *Documento* el pasado 26 de octubre, dije que «no es estrictamente normativo» y que «su aplicación necesitará diversas mediaciones». Esto no significa que no comprometa desde ahora a las Iglesias a adoptar decisiones coherentes con lo que en él se indica. Las Iglesias locales y las agrupaciones de Iglesias están llamadas ahora a implementar, en los diversos contextos, las indicaciones autorizadas contenidas en el *Documento*, a través de los procesos de discernimiento y de toma de decisiones previstos por el derecho y por el *Documento* mismo. En el *Saludo final* añadí también que «se necesita tiempo, a fin de llegar a opciones que impliquen a toda la Iglesia»: esto vale en particular para los temas confiados a los diez Grupos de Estudio, a los que podrán añadirse otros, en vista de las decisiones necesarias. La conclusión de la XVI Asamblea General Ordinaria del Sínodo de los Obispos no pone fin al proceso sinodal.

Retomo aquí con convicción lo que indiqué al final del articulado camino sinodal que llevó a la promulgación de *Amoris laetitia* (19 de marzo de 2016): «No todas las discusiones doctrinales, morales o pastorales deben ser resueltas con intervenciones magisteriales. Naturalmente, en la Iglesia es necesaria una unidad de doctrina y de praxis, pero ello no impide que subsistan diferentes maneras de interpretar algunos aspectos de la doctrina o algunas consecuencias que se derivan de ella. Esto sucederá hasta que el Espíritu nos lleve a la verdad completa (cf Jn 16,13), es decir, cuando nos introduzca perfectamente en el misterio de Cristo y podamos ver todo con su mirada. Además, en cada país o región se pueden buscar soluciones más inculturadas, atentas a las tradiciones y a los desafíos locales» (AL 3).

El *Documento final* contiene indicaciones que, a la luz de sus orientaciones fundamentales, ya pueden ponerse en práctica en las Iglesias locales y en las agrupaciones de Iglesias, teniendo en cuenta los diversos contextos, lo que ya se ha hecho y lo que aún queda por hacer para aprender y desarrollar cada vez mejor el estilo propio de la Iglesia sinodal misionera.

En muchos casos se trata de ejecutar eficazmente lo que ya está previsto en el derecho vigente, tanto latino como oriental. En otros casos, se podrá proceder, a través de un discernimiento sinodal y en el marco de las posibilidades indicadas por el *Documento final,* a la activación creativa de nuevas formas de ministerialidad y de acción misionera, experimentando y sometiendo las experiencias a verificación. En el informe previsto para la visita *ad limina,* cada obispo se ocupará de comunicar qué opciones se han hecho en la Iglesia local que le ha sido confiada en relación con lo indicado en el *Documento final,* qué dificultades se han encontrado, cuáles han sido los frutos.

La tarea de acompañar la «fase de implementación» del camino sinodal, a partir de las orientaciones ofrecidas por el *Documento final,* se confía a la Secretaría General del Sínodo junto con los Dicasterios de la Curia Romana (cf EC 19-21).

El camino sinodal de la Iglesia católica, animado también por el deseo de proseguir el camino hacia la unidad plena y visible de los cristianos, «necesita que las palabras compartidas vayan acompañadas por hechos» (*Saludo final,* 26 de octubre de 2024). Que el Espíritu Santo, don del Resucitado, sostenga y guíe a toda la Iglesia en este camino. Que Él, que es armonía, siga rejuveneciendo a la Iglesia con la fuerza del Evangelio, la renueve y la conduzca a la unión perfecta con su Esposo (cf LG 4). Puesto que el Espíritu y la Esposa dicen al Señor Jesús: «Ven» (cf Ap 22,17).

24 de noviembre de 2024
Solemnidad de Nuestro Señor Jesucristo,
Rey del Universo

Franciscus

Introducción*

Y en esto entró Jesús, se puso en medio y les dijo: «Paz a vosotros». Y, diciendo esto, les enseñó las manos y el costado. Y los discípulos se llenaron de alegría al ver al Señor (Jn 20,19-20).

1. Cada nuevo paso en la vida de la Iglesia es un regreso a la fuente, una experiencia renovada del encuentro con el Resucitado que los discípulos experimentaron en el Cenáculo la tarde de Pascua. Como ellos, también nosotros, participantes en esta Asamblea sinodal, nos hemos sentido abrazados por su misericordia y conmovidos por su belleza. Viviendo la conversación en el Espíritu, escuchándonos unos a otros, hemos percibido su presencia en medio de nosotros: la presencia de Aquel que, donando el Espíritu Santo, sigue suscitando en su Pueblo una unidad que es armonía de las diferencias.

---

* El *Documento final* de la XVI Asamblea General Ordinaria del Sínodo de los Obispos fue aprobado durante la 17ª Congregación General, el 26 de octubre de 2024, con el voto favorable de más de dos tercios de los miembros de la Asamblea presentes en la votación. Los resultados de la votación están disponibles en *www.vatican.va*. La versión oficial del texto está en italiano. En la preparación de su publicación, se han introducido cambios de redacción para garantizar la corrección y la fluidez lingüística, así como la exactitud de las citas.

2. Contemplando al Resucitado, recordamos que «fuimos bautizados en su muerte» (Rom 6,3). Hemos visto las marcas de sus heridas, transfiguradas por la vida nueva, pero grabadas para siempre en su humanidad. Esas heridas siguen sangrando en el cuerpo de tantos hermanos y hermanas, también a causa de nuestras culpas. Fijar la mirada en el Señor no nos aparta de los dramas de la historia, sino que abre nuestros ojos para reconocer el sufrimiento que nos rodea y nos penetra: los rostros de los niños aterrorizados por la guerra, el llanto de las madres, los sueños rotos de tantos jóvenes, los refugiados que afrontan viajes terribles, las víctimas del cambio climático y de las injusticias sociales. Sus sufrimientos resonaron entre nosotros no solo a través de los medios de comunicación, sino también en las voces de muchos que estuvieron personalmente implicados con sus familias y pueblos en estos trágicos acontecimientos. En los días en que hemos estado reunidos en esta Asamblea, muchas, demasiadas guerras han seguido causando muerte y destrucción, deseo de venganza y pérdida de conciencia. Nos unimos a los reiterados llamamientos del Papa Francisco en favor de la paz, condenando la lógica de la violencia, el odio y la venganza, y comprometiéndonos a promover la del diálogo, la fraternidad y la reconciliación. Una paz auténtica y duradera es posible y juntos

podemos construirla. «El gozo y la esperanza, la tristeza y la angustia de los hombres de nuestro tiempo, sobre todo de los pobres y de todos los afligidos» (GS 1), son también gozo y tristeza de todos nosotros, discípulos de Cristo.

3. Desde que el Santo Padre inauguró este Sínodo en 2021, nos hemos embarcado en un viaje cuya riqueza y fecundidad vamos descubriendo cada vez más. Hemos estado a la escucha, atentos a captar en las múltiples voces lo que «el Espíritu dice a las Iglesias» (Ap 2,7). El camino comenzó con la amplia consulta al Pueblo de Dios en nuestras diócesis y eparquías. Continuó con etapas nacionales y continentales, en la circularidad de un diálogo constantemente relanzado por la Secretaría General del Sínodo a través de documentos de síntesis y de trabajo. La celebración de la XVI Asamblea General Ordinaria del Sínodo de los Obispos en sus dos sesiones nos permite ahora entregar al Santo Padre y a todas las Iglesias el testimonio de lo vivido y el fruto de nuestro discernimiento, para un renovado impulso misionero. El camino ha estado marcado en cada etapa por la sabiduría del «sentido de la fe» del Pueblo de Dios. Paso a paso, hemos comprendido que en el corazón del *Sínodo 2021-2024. Por una Iglesia sinodal: comunión, participación y misión,* hay una llamada a la alegría y a la renovación de la Iglesia

en el seguimiento del Señor, en el compromiso al servicio de su misión, en la búsqueda de los modos para serle fiel.

4. Esta llamada se funda en la identidad bautismal común, se enraíza en la diversidad de contextos en los que la Iglesia está presente y encuentra su unidad en el único Padre, el único Señor y el único Espíritu. Interpela a todos los bautizados, sin excepción: «Todo el Pueblo de Dios es sujeto del anuncio del Evangelio. En él, todo bautizado es convocado para ser protagonista de la misión, porque todos somos discípulos misioneros» (CTI, n. 53). El camino sinodal nos orienta así hacia una unidad plena y visible de los cristianos, como han atestiguado con su presencia los delegados de las otras tradiciones cristianas. La unidad fermenta silenciosamente en el seno de la Santa Iglesia de Dios: es una profecía de unidad para el mundo entero.

5. Todo el camino sinodal, enraizado en la Tradición de la Iglesia, se ha desarrollado a la luz del magisterio conciliar. El Concilio Vaticano II ha sido, de hecho, como una semilla sembrada en el campo del mundo y de la Iglesia. La vida cotidiana de los creyentes, la experiencia de las Iglesias en todos los pueblos y culturas, los numerosos testimonios de santidad, la reflexión de

los teólogos fueron el terreno en el que germinó y creció. El Sínodo 2021-2024 sigue aprovechando la energía de esa semilla y desarrollando su potencial. En efecto, el camino sinodal está poniendo en práctica lo que el Concilio enseñó sobre la Iglesia como Misterio y Pueblo de Dios, llamada a la santidad a través de una conversión continua que nace de la escucha del Evangelio. En este sentido, constituye un verdadero acto de una ulterior recepción del Concilio, prolongando su inspiración y relanzando su fuerza profética para el mundo de hoy.

6. No ocultamos que hemos experimentado en nosotros mismos el cansancio, la resistencia al cambio y la tentación de hacer que nuestras ideas prevalezcan sobre la escucha de la Palabra de Dios y la práctica del discernimiento. Sin embargo, la misericordia de Dios, Padre lleno de ternura, nos permite cada vez purificar nuestros corazones y continuar nuestro camino. Lo reconocimos al comenzar la Segunda Sesión con una vigilia penitencial, en la que pedimos perdón por nuestros pecados, nos avergonzamos y elevamos nuestra intercesión por las víctimas de los males del mundo. Llamamos a nuestros pecados por su nombre: contra la paz, la creación, los pueblos indígenas, los migrantes, los menores, las mujeres, los pobres, la escucha y la comunión. Esto

nos hizo darnos cuenta de que la sinodalidad exige arrepentimiento y conversión. En la celebración del sacramento de la misericordia de Dios nos sentimos amados incondicionalmente: la dureza de los corazones ha sido superada y nos abre a la comunión. Por eso queremos ser una Iglesia misericordiosa, capaz de compartir con todos el perdón y la reconciliación que vienen de Dios: pura gracia de la que no somos dueños, sino solo testigos.

7. Del camino sinodal iniciado en 2021, ya hemos podido constatar los primeros frutos. Los más sencillos, pero más preciosos, están fermentando en la vida de las familias, parroquias, asociaciones y movimientos, pequeñas comunidades cristianas, escuelas y comunidades religiosas donde crece la práctica de la conversación en el Espíritu, el discernimiento comunitario, el compartir los dones vocacionales y la corresponsabilidad en la misión. El encuentro de los «Párrocos para el Sínodo» (Sacrofano [Roma], 28 de abril-2 de mayo de 2024) ha permitido apreciar estas ricas experiencias y relanzar su camino. Estamos agradecidos y contentos por la voz de tantas comunidades y fieles que viven la Iglesia como lugar de acogida, esperanza y alegría.

8. La Primera Sesión de la Asamblea ha dado otros frutos. El *Informe de Síntesis* llamó la atención sobre una serie de temas de gran relevancia para la vida de la Iglesia, que el Santo Padre, al término de una consulta internacional, confió a Grupos de Estudio formados por pastores y expertos de todos los continentes, llamados a trabajar con un método sinodal. Los ámbitos de la vida y misión de la Iglesia que ya han comenzado a profundizar son los siguientes:

1. Algunos aspectos de las relaciones entre las Iglesias católicas orientales y la Iglesia latina.
2. Escuchar el clamor de los pobres y de la tierra.
3. La misión en el entorno digital.
4. La revisión de la *Ratio Fundamentalis Institutionis Sacerdotalis* en perspectiva sinodal misionera.
5. Algunas cuestiones teológicas y canónicas en torno a formas ministeriales específicas.
6. La revisión, en una perspectiva sinodal y misionera, de los documentos que rigen las relaciones entre obispos, religiosos y agregaciones eclesiales (asociaciones, movimientos y nuevas comunidades).
7. Algunos aspectos de la figura y del ministerio del obispo (en particular: criterios de

selección de los candidatos al episcopado, función judicial del obispo, naturaleza y desarrollo de las visitas *ad limina apostolorum)* en perspectiva sinodal misionera.

8. El papel de los representantes pontificios en perspectiva sinodal misionera.

9. Criterios teológicos y metodologías sinodales para un discernimiento común de cuestiones doctrinales, pastorales y éticas controvertidas.

10. La recepción de los frutos del camino ecuménico en el Pueblo de Dios.

A estos Grupos se añaden la Comisión Canónica al servicio de las necesarias innovaciones en la normativa eclesiástica, activada de acuerdo con el Dicasterio para los Textos Legislativos, y el discernimiento, confiado al Simposio de las Conferencias Episcopales de África y Madagascar, sobre el acompañamiento pastoral de las personas en matrimonios polígamos. Los trabajos de estos Grupos y Comisiones iniciaron la fase de implementación, enriquecieron los trabajos de la Segunda Sesión y ayudarán al Santo Padre en sus opciones pastorales y de gobierno.

9. El proceso sinodal no concluye con el final de la actual Asamblea del Sínodo de los Obispos, sino que incluye la fase de implementación. Como

miembros de la Asamblea, sentimos que es nuestra tarea comprometernos en su animación como misioneros de la sinodalidad dentro de las comunidades de las que procedemos. Pedimos a todas las Iglesias locales que continúen su camino cotidiano con una metodología sinodal de consulta y discernimiento, identificando caminos concretos e itinerarios formativos para realizar una conversión sinodal tangible en las diversas realidades eclesiales (parroquias, institutos de vida consagrada y sociedades de vida apostólica, asociaciones de fieles, diócesis, Conferencias Episcopales, agrupaciones de Iglesias, etc.). También debería preverse una evaluación de los progresos realizados en materia de sinodalidad y de participación de todos los bautizados en la vida de la Iglesia. Sugerimos que las Conferencias Episcopales y los Sínodos de Iglesias sui iuris dediquen personas y recursos para acompañar el camino de crecimiento como Iglesia sinodal en misión y para mantenerse en contacto con la Secretaría General del Sínodo (cf EC 19 § 1 y 2). Pedimos que no deje de vigilarse la calidad sinodal del método de trabajo de los Grupos de Estudio.

10. Este *Documento final,* ofrecido al Santo Padre y a las Iglesias como fruto de la XVI Asamblea General del Sínodo de los Obispos, valora todos los pasos realizados. Recoge algunas

convergencias importantes surgidas en la Primera Sesión, las aportaciones provenientes de las Iglesias en los meses transcurridos entre la Primera y la Segunda Sesión, y lo que ha madurado durante la Segunda Sesión, sobre todo a través de la conversación en el Espíritu.

11. El *Documento final* expresa la conciencia de que la llamada a la misión es simultáneamente la llamada a la conversión de cada Iglesia local y de la Iglesia toda, en la perspectiva indicada en la Exhortación apostólica *Evangelii gaudium* (cf EG 30). El texto consta de cinco partes. La primera, intitulada *El corazón de la sinodalidad,* esboza los fundamentos teológicos y espirituales que iluminan y alimentan lo que viene a continuación. Reafirma la comprensión compartida de la sinodalidad que surgió en la Primera Sesión y desarrolla sus perspectivas espirituales y proféticas. La conversión de los sentimientos, las imágenes y los pensamientos que habitan nuestros corazones avanza junto con la conversión de la acción pastoral y misionera. La segunda parte, con el título, *En la barca, juntos,* está dedicada a la conversión de las relaciones que construyen la comunidad cristiana y configuran la misión en el entrelazamiento de vocaciones, carismas y ministerios. La tercera, *«Echar la red»,* identifica tres prácticas íntimamente relacionadas: el discernimiento

eclesial, los procesos decisionales y una cultura de la transparencia, la rendición de cuentas y la evaluación. También con respecto a estas se nos pide que iniciemos caminos de «transformación misionera», para lo cual urge una renovación de los órganos de participación. La cuarta parte, bajo el título *Una pesca abundante,* delinea cómo es posible cultivar de forma nueva el intercambio de dones y el tejido de los vínculos que nos unen en la Iglesia, en un momento en el que la experiencia de estar arraigado en un lugar está cambiando profundamente. Sigue una quinta parte, *«También yo os envío»*, que nos permite contemplar un paso indispensable que hay que dar: cuidar la formación de todos, en el Pueblo de Dios, en la sinodalidad misionera.

12. La elaboración del *Documento final* se ha guiado por los relatos evangélicos de la Resurrección. La carrera hacia el sepulcro en la madrugada de Pascua, la aparición del Resucitado en el Cenáculo y en la orilla del lago inspiraron nuestro discernimiento y alimentaron nuestro diálogo. Hemos invocado el don pascual del Espíritu Santo, pidiéndole que nos enseñe lo que debemos hacer y nos muestre juntos el camino a seguir. Con este *Documento,* la Asamblea reconoce y testimonia que la sinodalidad, dimensión constitutiva de la Iglesia, ya forma parte de la

experiencia de muchas de nuestras comunidades. Al mismo tiempo, sugiere caminos a seguir, prácticas a implementar y horizontes a explorar. El Santo Padre, que ha convocado a la Iglesia en Sínodo, indicará a las Iglesias, confiadas al cuidado pastoral de los obispos, cómo proseguir nuestro camino sostenidos por la esperanza «que no defrauda» (Rom 5,5).

Parte I

El corazón de la sinodalidad

Llamados por el Espíritu Santo a la conversión

El primer día de la semana, María la Magdalena fue al sepulcro al amanecer, cuando aún estaba oscuro, y vio la losa quitada del sepulcro. Echó a correr y fue donde estaban Simón Pedro y el otro discípulo, a quien Jesús amaba (Jn 20,1-2).

13. En la mañana de Pascua encontramos a tres discípulos: María Magdalena, Simón Pedro y el Discípulo a quien Jesús amaba. Cada uno de ellos busca al Señor a su manera; cada uno tiene su propio papel en el amanecer de la esperanza. María Magdalena está impulsada por un amor que la lleva primero al sepulcro. Advertidos por ella, Pedro y el Discípulo Amado se dirigen hacia el sepulcro; el Discípulo Amado corre con la fuerza de la juventud, busca con la mirada del que intuye primero, pero sabe ceder el paso al mayor que ha recibido el encargo de guiar; Pedro, agobiado por haber negado al Señor, espera la cita con la misericordia de la que será ministro en la Iglesia. María permanece en el huerto,

oye que la llaman por su nombre, reconoce al Señor que la envía a anunciar su resurrección a la comunidad de los discípulos. Por eso la Iglesia la reconoce como Apóstol de los Apóstoles. Su mutua dependencia encarna el corazón de la sinodalidad.

14. La Iglesia existe para testimoniar al mundo el acontecimiento decisivo de la historia: la resurrección de Jesús. El Resucitado trae la paz al mundo y nos da el don de su Espíritu. Cristo vivo es la fuente de la verdadera libertad, el fundamento de la esperanza que no defrauda, la revelación del verdadero rostro de Dios y del destino último del hombre. Los Evangelios nos dicen que, para entrar en la fe pascual y ser testigos de ella, es necesario reconocer el propio vacío interior, las tinieblas del miedo, de la duda y del pecado. Pero quienes, en la oscuridad, tienen el valor de salir y ponerse a buscar, descubren realmente que son buscados, llamados por su nombre, perdonados y enviados junto a sus hermanos y hermanas.

La Iglesia Pueblo de Dios, sacramento de unidad

15. Del Bautismo en el nombre del Padre y del Hijo y del Espíritu Santo brota la identidad del Pueblo de Dios. Se realiza como llamada a la santidad y envío en misión para invitar a todos los pueblos a acoger el don de la salvación (cf Mt 28,18-19). Es, pues, del Bautismo, en el que Cristo nos reviste de Sí mismo (cf Gál 3,27) y nos hace renacer por el Espíritu (cf Jn 3,5-6) como hijos de Dios, de donde nace la Iglesia sinodal misionera. Toda la vida cristiana tiene su fuente y su horizonte en el misterio de la Trinidad, que suscita en nosotros el dinamismo de la fe, de la esperanza y de la caridad.

16. «Quiso Dios santificar y salvar a los hombres no individualmente, como excluyendo su mutua conexión, sino hacer de ellos un pueblo para que le conociera de verdad y le sirviera con una vida santa» (LG 9). El Pueblo de Dios, en camino hacia el Reino, se alimenta continuamente de la Eucaristía, fuente de comunión y de unidad: «Porque el pan es uno, nosotros, siendo muchos, formamos un solo cuerpo, pues todos comemos del mismo pan» (1Cor 10,17). La Iglesia, alimentada por el sacramento del Cuerpo y la Sangre del Señor, se constituye como su Cuerpo (cf LG

7): «Vosotros sois el cuerpo de Cristo, y cada uno es un miembro» (1Cor 12,27). Vivificada por la gracia, ella es el Templo del Espíritu Santo (cf LG 17): es Él, en efecto, quien la anima y construye, haciendo de todos nosotros las piedras vivas de un edificio espiritual (cf 1Pe 2,5; LG 6).

17. El proceso sinodal nos ha hecho experimentar el «sabor espiritual» (EG 268) de ser Pueblo de Dios, reunido de todas las tribus, lenguas, pueblos y naciones, viviendo en contextos y culturas diferentes. Ese Pueblo no es nunca la mera suma de los bautizados, sino el sujeto comunitario e histórico de la sinodalidad y de la misión, todavía peregrino en el tiempo y ya en comunión con la Iglesia del cielo. En los diversos contextos en los que están arraigadas cada una de las Iglesias, el Pueblo de Dios anuncia y testimonia la Buena Nueva de la salvación; viviendo en el mundo y para el mundo, camina junto a todos los pueblos de la tierra, dialoga con sus religiones y culturas, reconociendo en ellas las semillas de la Palabra, avanzando hacia el Reino. Incorporados a este Pueblo por la fe y el Bautismo, somos sostenidos y acompañados por la Virgen María, «signo de esperanza segura y de consuelo» (LG 68), por los apóstoles, por quienes han dado testimonio de su fe hasta dar la vida, por los santos de todo tiempo y lugar.

18. En el Pueblo santo de Dios, que es la Iglesia, la comunión de los fieles (*communio fidelium*) es al mismo tiempo comunión de las Iglesias (*communio Ecclesiarum*), que se manifiesta en la comunión de los obispos (*communio episcoporum*), en razón del antiquísimo principio de que «el obispo está en la Iglesia y la Iglesia en el obispo» (S. Cipriano, *Epístola* 66, 8). Al servicio de esta comunión multiforme, el Señor puso al apóstol Pedro (cf Mt 16,18) y a sus sucesores. En virtud del ministerio petrino, el Obispo de Roma es «principio y fundamento perpetuo y visible» (LG 23) de la unidad de la Iglesia.

19. «El corazón de Dios tiene un sitio preferencial para los pobres» (EG 197), los marginados y excluidos, y por tanto también en el de la Iglesia. En ellos la comunidad cristiana encuentra el rostro y la carne de Cristo, que, de rico que era, se hizo pobre por nosotros, para que nosotros nos enriqueciéramos con su pobreza (cf 2Cor 8,9). La opción preferencial por los pobres está implícita en la fe cristológica. Los pobres tienen un conocimiento directo de Cristo sufriente (cf EG 198) que los convierte en heraldos de una salvación recibida como don y en testigos de la alegría del Evangelio. La Iglesia está llamada a ser pobre con los pobres, que a menudo son la mayoría de los fieles, y a escucharlos y considerarlos sujetos de

evangelización, aprendiendo juntos a reconocer los carismas que reciben del Espíritu.

20. «Cristo es la luz de los pueblos» (LG 1) y esta luz brilla en el rostro de la Iglesia, aunque esté marcada por la fragilidad de la condición humana y la opacidad del pecado. Ella recibe de Cristo el don y la responsabilidad de ser fermento eficaz de los vínculos, las relaciones y la fraternidad de la familia humana (cf AG 2-4), testimoniando en el mundo el sentido y la meta de su camino (cf GS 3 y 42). Asume hoy esta responsabilidad en un tiempo dominado por la crisis de la participación –es decir, de sentirse parte y actores de un destino común– y por una concepción individualista de la felicidad y de la salvación. Su vocación y su servicio profético (LG 12) consisten en dar testimonio del proyecto de Dios de unir a sí a toda la humanidad en libertad y comunión. La Iglesia, que es «el Reino de Cristo presente actualmente en misterio» (LG 3) y «de este Reino constituye en la tierra la semilla y el principio» (LG 5), camina, por tanto, junto con toda la humanidad, comprometiéndose con todas sus fuerzas por la dignidad humana, el bien común, la justicia y la paz, y «anhela el Reino perfecto» (LG 5), cuando Dios será «todo en todos» (1Cor 15,28).

Las raíces sacramentales
del Pueblo de Dios

21. El camino sinodal de la Iglesia nos ha llevado a redescubrir que la variedad de vocaciones,
carismas y ministerios tiene una raíz: «Todos
hemos sido bautizados en un mismo Espíritu,
para formar un solo cuerpo» (1Cor 12,13). El
Bautismo es el fundamento de la vida cristiana,
porque introduce a todos en el don más grande:
ser hijos de Dios, es decir, partícipes de la relación de Jesús con el Padre en el Espíritu. No hay
nada más alto que esta dignidad, concedida por
igual a toda persona, que nos hace revestirnos de
Cristo e injertarnos en Él como los sarmientos en
la vid. En el nombre de «cristiano», que tenemos
el honor de llevar, está contenida la gracia que
fundamenta nuestra vida y nos hace caminar
juntos como hermanos y hermanas.

22. En virtud del Bautismo «el Pueblo santo de
Dios participa del carácter profético de Cristo,
dando testimonio vivo de Él sobre todo con una
vida de fe y amor» (LG 12). Gracias a la unción
del Espíritu Santo recibida en el Bautismo (cf 1Jn
2,20.27), todos los creyentes poseen un instinto
para la verdad del Evangelio, llamado *sensus fidei*.
Consiste en una cierta connaturalidad con las
realidades divinas, basada en el hecho de que

en el Espíritu Santo los bautizados «son hechos partícipes de la naturaleza divina» (DV 2). De esta participación deriva la aptitud para captar intuitivamente lo que es conforme a la verdad de la Revelación en la comunión de la Iglesia. Por eso, la Iglesia está segura de que el santo Pueblo de Dios no puede equivocarse al creer cuando la totalidad de los bautizados expresa su consenso universal en materia de fe y de moral (cf LG 12). El ejercicio del *sensus fidei* no debe confundirse con la opinión pública. Está siempre unido al discernimiento de los pastores en los distintos niveles de la vida eclesial, como muestra la articulación de las fases del proceso sinodal. Pretende alcanzar ese consenso de los fieles *(consensus fidelium)* que constituye «un criterio seguro para determinar si una doctrina o práctica particular pertenece a la fe apostólica» (COMISIÓN TEOLÓGICA INTERNACIONAL, *El sensus fidei en la vida de la Iglesia,* 2014, n. 3).

23. Por el Bautismo todos los cristianos participan del *sensus fidei.* Por tanto, además de ser el principio de la sinodalidad, es también el fundamento del ecumenismo. «El camino de la sinodalidad, que la Iglesia católica está siguiendo, es y debe ser ecuménico, así como el camino ecuménico es sinodal» (PAPA FRANCISCO, *Discurso a Su Santidad Mar Awa III,* 19 de noviembre de

2022). El ecumenismo es ante todo una cuestión de renovación espiritual. Exige procesos de arrepentimiento y de sanación de la memoria, de las heridas del pasado, hasta la valentía de la corrección fraterna en un espíritu de caridad evangélica. En la Asamblea resonaron testimonios esclarecedores de cristianos de distintas tradiciones eclesiales que comparten la amistad, la oración, la vida y el compromiso al servicio de los pobres, y el cuidado de la casa común. En no pocas regiones del mundo existe, sobre todo, el ecumenismo de la sangre: cristianos de distintas tradiciones que juntos dan su vida por la fe en Jesucristo. El testimonio de su martirio es más elocuente que cualquier palabra: la unidad viene de la Cruz del Señor.

24. No es posible comprender plenamente el Bautismo sino dentro de la Iniciación cristiana, es decir, el itinerario a través del cual el Señor, por el ministerio de la Iglesia y el don del Espíritu, nos introduce en la fe pascual y en la comunión trinitaria y eclesial. Este itinerario conoce una importante variedad de formas, según la edad en la que se emprende, los diferentes acentos propios de las tradiciones orientales y occidentales, y las especificidades de cada Iglesia local. La iniciación nos pone en contacto con una gran variedad de vocaciones y ministerios

eclesiales. En ellos se expresa el rostro misericordioso de una Iglesia que enseña a sus hijos
a caminar, caminando con ellos. Los escucha
y, al mismo tiempo que responde a sus dudas e
interrogantes, se enriquece con la novedad que
cada uno aporta, con su historia y su cultura. En
la práctica de esta acción pastoral, la comunidad
cristiana experimenta, a menudo sin ser plenamente consciente de ello, la primera forma de
sinodalidad.

25. Dentro del itinerario de la iniciación cristiana, el sacramento de la Confirmación enriquece la vida de los creyentes con una particular
efusión del Espíritu con miras al testimonio.
El Espíritu que llenó a Jesús (cf Lc 4,1), que lo
ungió y lo envió a anunciar el Evangelio (cf Lc
4,18), es el mismo Espíritu que se derrama sobre
los creyentes como sello de pertenencia a Dios y
como unción que santifica. Por eso la Confirmación, que hace presente la gracia de Pentecostés
en la vida del bautizado y de la comunidad, es
un don de gran valor para renovar el prodigio de
una Iglesia movida por el fuego de la misión, que
tiene el valor de salir a los caminos del mundo
y la capacidad de hacerse comprender por todos
los pueblos y culturas. Todos los creyentes están
llamados a contribuir a este impulso, acogiendo
los carismas que el Espíritu distribuye abun-

dantemente a cada uno y comprometiéndose a ponerlos al servicio del Reino con humildad e ingenio creativo.

26. La celebración de la Eucaristía, especialmente el domingo, es la primera y fundamental forma en la que el Pueblo santo de Dios se encuentra y reúne. Por medio de la celebración eucarística, «se significa y se realiza la unidad de la Iglesia» (UR 2). En la «participación plena, consciente y activa» (SC 14) de todos los fieles, en la presencia de los diversos ministerios y en la presidencia del obispo o presbítero, se hace visible la comunidad cristiana, en la que se realiza una corresponsabilidad diferenciada de todos para la misión. Por eso la Iglesia, Cuerpo de Cristo, aprende de la Eucaristía a articular unidad y pluralidad: unidad de la Iglesia y multiplicidad de asambleas eucarísticas; unidad del misterio sacramental y variedad de tradiciones litúrgicas; unidad de la celebración y diversidad de vocaciones, carismas y ministerios. Nada muestra mejor que la Eucaristía que la armonía creada por el Espíritu no es uniformidad y que todo don eclesial está destinado a la edificación común. Cada celebración de la Eucaristía es también expresión del deseo y de la llamada a la unidad de todos los bautizados, que todavía no es plena y visible. Donde no es posible la celebración dominical de

la Eucaristía, la comunidad, deseándola, se reúne en torno a la celebración de la Palabra, donde Cristo sigue estando presente.

27. Existe un estrecho vínculo entre *synaxis* y *synodos,* entre la asamblea eucarística y la asamblea sinodal. Aunque bajo formas diferentes, en ambas se realiza la promesa de Jesús de estar presente allí donde dos o tres se reúnen en su nombre (cf Mt 18,20). Las asambleas sinodales son acontecimientos que celebran la unión de Cristo con su Iglesia por la acción del Espíritu. Es Él quien asegura la unidad del cuerpo eclesial de Cristo tanto en la asamblea eucarística como en la asamblea sinodal. La liturgia es una escucha de la Palabra de Dios y una respuesta a su iniciativa de alianza. La asamblea sinodal es también una escucha de la misma Palabra, que resuena tanto en los signos de los tiempos como en el corazón de los fieles, y una respuesta de la asamblea que discierne la voluntad de Dios para ponerla en práctica. Profundizar el vínculo entre liturgia y sinodalidad ayudará a todas las comunidades cristianas, en la pluriformidad de sus culturas y tradiciones, a adoptar estilos celebrativos que manifiesten el rostro de una Iglesia sinodal. Con este fin, solicitamos la creación de un Grupo de Estudio específico, al que confiamos la reflexión sobre cómo hacer que las celebraciones litúrgicas

sean más expresivas de la sinodalidad; también podría ocuparse de la predicación dentro de las celebraciones litúrgicas y del desarrollo de una catequesis sobre la sinodalidad en clave mistagógica.

Significado y dimensiones de la sinodalidad

28. Los términos «sinodalidad» y «sinodal» derivan de la antigua y constante práctica eclesial de reunirse en sínodo. En las tradiciones de las Iglesias orientales y occidentales, la palabra «sínodo» se refiere a instituciones y acontecimientos que han adoptado diferentes formas a lo largo del tiempo, implicando una pluralidad de sujetos. En su variedad, todas estas formas están unidas por el hecho de reunirse para dialogar, discernir y decidir. Gracias a la experiencia de los últimos años, el significado de estos términos se ha comprendido mejor y se ha vivido aún más. Se han asociado cada vez más al deseo de una Iglesia más cercana a las personas y más relacional, que sea hogar y familia de Dios. A lo largo del proceso sinodal, ha madurado una convergencia sobre el significado de la sinodalidad que subyace en este *Documento:* la sinodalidad es el caminar juntos de los cristianos con Cristo y hacia el Reino de Dios, en unión

con toda la humanidad; orientada a la misión, implica reunirse en asamblea en los diferentes niveles de la vida eclesial, la escucha recíproca, el diálogo, el discernimiento comunitario, llegar a un consenso como expresión de la presencia de Cristo en el Espíritu, y la toma de decisiones en una corresponsabilidad diferenciada. En esta línea entendemos mejor lo que significa que la sinodalidad sea una dimensión constitutiva de la Iglesia (CTI, n. 1). En términos simples y sintéticos, podemos decir que la sinodalidad es un camino de renovación espiritual y de reforma estructural para hacer a la Iglesia más participativa y misionera, es decir, para hacerla más capaz de caminar con cada hombre y mujer irradiando la luz de Cristo.

29. En la Virgen María, Madre de Cristo, de la Iglesia y de la humanidad, vemos resplandecer a plena luz los rasgos de una Iglesia sinodal, misionera y misericordiosa. Ella es, en efecto, la figura de la Iglesia que escucha, ora, medita, dialoga, acompaña, discierne, decide y actúa. De ella aprendemos el arte de la escucha, la atención a la voluntad de Dios, la obediencia a su Palabra, la capacidad de captar las necesidades de los pobres, la valentía de ponerse en camino, el amor que ayuda, el canto de alabanza y la exultación en el Espíritu. Por eso, como

afirmaba san Pablo VI, «la acción de la Iglesia en el mundo es como una prolongación de la solicitud de María» (MC 28).

30. Más detalladamente, la sinodalidad designa tres aspectos distintos de la vida de la Iglesia:

a) En primer lugar, se refiere al *«estilo* peculiar que califica la vida y la misión de la Iglesia expresando su naturaleza como el caminar juntos y el reunirse en asamblea del Pueblo de Dios convocado por el Señor Jesús en la fuerza del Espíritu Santo para anunciar el Evangelio. Debe expresarse en el modo ordinario de vivir y obrar de la Iglesia. Este *modus vivendi et operandi* se realiza mediante la escucha comunitaria de la Palabra y la celebración de la Eucaristía, la fraternidad de la comunión y la corresponsabilidad y participación de todo el Pueblo de Dios, en sus diferentes niveles y en la distinción de los diversos ministerios y roles, en su vida y en su misión» (CTI, n. 70a).

b) En segundo lugar, «la sinodalidad designa entonces, en un sentido más específico y determinado desde el punto de vista teológico y canónico, aquellas *estructuras* y *procesos eclesiales* en los que la naturaleza sinodal de la Iglesia se expresa a nivel institucional, de modo análogo, en los diversos niveles de su realización: local, regional, universal. Tales estructuras y procesos están al servicio del discernimiento autorizado de la Iglesia, llamada a identificar la dirección a seguir en la escucha del Espíritu Santo» (CTI, n. 70b);

c) En tercer lugar, la sinodalidad designa «la realización puntual de aquellos *eventos sinodales* en los que la Iglesia es convocada por la autoridad competente y según procedimientos específicos determinados por la disciplina eclesiástica, implicando de diferentes modos, a nivel local, regional y universal, a todo el Pueblo de Dios bajo la presidencia de los obispos en comunión colegial y jerárquica con el Obispo de Roma, para el discernimiento de su camino y de las cuestiones particulares, y para la toma de decisiones y orientaciones en orden al cumplimiento de su misión evangelizadora» (CTI, n. 70c).

31. En el contexto de la eclesiología conciliar del Pueblo de Dios, el concepto de comunión expresa la sustancia profunda del misterio y de la misión de la Iglesia, que tiene en la celebración de la Eucaristía su fuente y su culmen, es decir, la unión con Dios Trinidad y la unidad entre las

personas humanas que se realiza en Cristo por medio del Espíritu Santo. En este contexto, la sinodalidad «indica la específica forma de vivir y obrar *(modus vivendi et operandi)* de la Iglesia Pueblo de Dios que manifiesta y realiza en concreto su ser comunión en el caminar juntos, en el reunirse en asamblea y en el participar activamente de todos sus miembros en su misión evangelizadora» (CTI, n. 6).

32. La sinodalidad no es un fin en sí misma, sino que apunta a la misión que Cristo ha confiado a la Iglesia en el Espíritu. Evangelizar es «la misión esencial de la Iglesia [...], es la gracia y la vocación propia de la Iglesia, su identidad profunda» (EN 14). Estando cerca de todos, sin diferencia de personas, predicando y enseñando, bautizando, celebrando la Eucaristía y el sacramento de la Reconciliación, todas las Iglesias locales y la Iglesia entera responden concretamente al mandato del Señor de anunciar el Evangelio a todas las naciones (cf Mt 28,19-20; Mc 16,15-16). Valorando todos los carismas y ministerios, la sinodalidad permite al Pueblo de Dios anunciar y testimoniar auténtica y eficazmente el Evangelio a las mujeres y a los hombres de todo lugar y tiempo, haciéndose «sacramento visible» (LG 9) de la fraternidad y de la unidad en Cristo querida por Dios. Sinodalidad y misión están íntimamen-

te ligadas: la misión ilumina la sinodalidad y la sinodalidad impulsa a la misión.

33. La autoridad de los pastores «es un don específico del Espíritu de Cristo Cabeza para la edificación de todo el Cuerpo» (CTI, n. 67). Este don está vinculado al sacramento del Orden, que configura a quienes lo reciben con Cristo Cabeza, Pastor y Siervo, y los pone al servicio del Pueblo santo de Dios para salvaguardar la apostolicidad del anuncio y promover la comunión eclesial a todos los niveles. La sinodalidad ofrece «el marco interpretativo más adecuado para comprender el propio ministerio jerárquico» (PAPA FRANCISCO, *Discurso en conmemoración del 50 aniversario de la institución del Sínodo de los Obispos*, 17 de octubre de 2015) y sitúa en la justa perspectiva el mandato que Cristo confía, en el Espíritu Santo, a los pastores. Por ello, invita a toda la Iglesia, incluidos los que ejercen la autoridad, a la conversión y a la reforma.

Unidad como armonía

34. «La criatura humana, en cuanto de naturaleza espiritual, se realiza en las relaciones interpersonales. Cuanto más las vive de manera auténtica, tanto más madura también en la pro-

pia identidad personal. El hombre se valoriza no aislándose sino poniéndose en relación con los otros y con Dios. Por tanto, la importancia de dichas relaciones es fundamental» (CV 53). Una Iglesia sinodal se caracteriza por ser un espacio donde las relaciones pueden prosperar, gracias al amor mutuo que constituye el mandamiento nuevo dejado por Jesús a sus discípulos (cf Jn 13,34-35). Dentro de culturas y sociedades cada vez más individualistas, la Iglesia, «pueblo reunido en virtud de la unidad del Padre, del Hijo y del Espíritu Santo» (LG 4), puede dar testimonio de la fuerza de las relaciones fundadas en la Trinidad. Las diferencias de vocación, edad, sexo, profesión, condición y pertenencia social, presentes en toda comunidad cristiana, ofrecen a cada persona ese encuentro con la alteridad indispensable para la maduración personal.

35. Es ante todo en el seno de la familia, que con el Concilio podría llamarse «Iglesia doméstica» (LG 11), donde se experimenta la riqueza de las relaciones entre personas unidas en su diversidad de carácter, sexo, edad y función. Por eso las familias son un lugar privilegiado para aprender y experimentar las prácticas esenciales de una Iglesia sinodal. A pesar de las fracturas y el sufrimiento que experimentan las familias, siguen siendo lugares donde aprendemos a

intercambiar el don del amor, la confianza, el perdón, la reconciliación y la comprensión. Es en la familia donde aprendemos que tenemos la misma dignidad, que hemos sido creados para la reciprocidad, que necesitamos ser escuchados y somos capaces de escuchar, de discernir y decidir juntos, de aceptar y ejercer una autoridad animada por la caridad, de ser corresponsables y rendir cuentas de nuestras acciones. «La familia humaniza a las personas mediante la relación del "nosotros" y, al mismo tiempo, promueve las legítimas diferencias de cada uno» (PAPA FRANCISCO, *Discurso a los participantes en la Plenaria de la Pontificia Academia de Ciencias Sociales*, 29 de abril de 2022).

36. El proceso sinodal ha mostrado que el Espíritu Santo suscita constantemente una gran variedad de carismas y ministerios en el Pueblo de Dios. «También en la constitución del cuerpo de Cristo está vigente la diversidad de miembros y oficios. Uno solo es el Espíritu, que distribuye sus variados dones para el bien de la Iglesia según su riqueza y la diversidad de ministerios (1Cor 12,1-11)» (LG 7). Del mismo modo, surgió la aspiración de ampliar las posibilidades de participación y ejercicio de la corresponsabilidad diferenciada de todos los bautizados, hombres y mujeres. En este sentido, sin embargo, se expresó la tristeza

por la falta de participación de tantos miembros del Pueblo de Dios en este camino de renovación eclesial y el cansancio generalizado para experimentar plenamente una sana relacionalidad entre hombres y mujeres, entre generaciones y entre personas y grupos de diferentes identidades culturales y condiciones sociales, especialmente los pobres y excluidos.

37. Además, el proceso sinodal ha puesto de relieve el patrimonio espiritual de las Iglesias locales, en las cuales y a partir de las cuales existe la Iglesia católica, y la necesidad de articular sus experiencias. En virtud de la catolicidad, «cada una de las partes colabora con sus dones propios con las restantes partes y con toda la Iglesia, de tal modo que el todo y cada una de las partes aumentan a causa de todos los que mutuamente se comunican y tienden a la plenitud en la unidad» (LG 13). El ministerio del Sucesor de Pedro «garantiza las diferencias legítimas y simultáneamente vela para que las divergencias sirvan a la unidad en vez de dañarla» (*ib*; cf AG 22).

38. La Iglesia entera ha sido siempre una pluralidad de pueblos y lenguas, de Iglesias con sus ritos, disciplinas y patrimonios teológicos y espirituales particulares, de vocaciones, carismas y ministerios al servicio del bien común. La unidad

de esta diversidad es realizada por Cristo, piedra angular, y el Espíritu, maestro de armonía. Esta unidad en la diversidad está designada precisamente por la catolicidad de la Iglesia. Signo de ello es la pluralidad de Iglesias *sui iuris,* cuya riqueza ha puesto de relieve el proceso sinodal. La Asamblea pide que continuemos por el camino del encuentro, de la comprensión mutua y del intercambio de dones que alimentan la comunión de una Iglesia de Iglesias.

39. La renovación sinodal favorece la valoración de los contextos como el lugar donde se hace presente y se realiza la llamada universal de Dios a formar parte de su Pueblo, de ese Reino de Dios que es «justicia, paz y alegría en el Espíritu Santo» (Rom 14,17). De este modo, las diferentes culturas son capaces de acoger la unidad que subyace a su pluralidad y las abre a la perspectiva del intercambio de dones. «La unidad de la Iglesia no es la uniformidad, sino la integración orgánica de las legítimas diversidades» (NMI 46). La variedad de expresiones del mensaje salvífico evita reducirlo a una comprensión única de la vida de la Iglesia y de las formas teológicas, litúrgicas, pastorales y disciplinares en que se expresa.

40. La valoración de los contextos, culturas y diversidades, y de las relaciones entre ellos, es cla-

ve para crecer como Iglesia sinodal misionera y caminar, bajo el impulso del Espíritu Santo, hacia la unidad visible de los cristianos. Reafirmamos el compromiso de la Iglesia católica de continuar e intensificar el camino ecuménico con los demás cristianos, en virtud de nuestro Bautismo común y en respuesta a la llamada a vivir juntos la comunión y la unidad entre los discípulos por la que Cristo oró en la Última Cena (cf Jn 17,20-26). La Asamblea saluda con alegría y gratitud el progreso de las relaciones ecuménicas en los últimos sesenta años, los documentos de diálogo y las declaraciones que expresan la fe común. La participación de los delegados fraternos enriqueció los trabajos de la Asamblea, y esperamos con interés los próximos pasos en el camino hacia la plena comunión mediante la incorporación de los frutos del camino ecuménico a las prácticas eclesiales.

41. En todas partes de la tierra, los cristianos conviven con personas que no están bautizadas y sirven a Dios practicando una religión diferente. Por ellos rezamos solemnemente en la liturgia del Viernes Santo, con ellos colaboramos y luchamos por construir un mundo mejor, y junto con ellos imploramos al único Dios que libre al mundo de los males que lo afligen. El diálogo, el encuentro y el intercambio de dones propios de una Iglesia

sinodal están llamados a abrirse a las relaciones con otras tradiciones religiosas, con el fin de «establecer la amistad, la paz, la armonía y compartir valores y experiencias morales y espirituales en un espíritu de verdad y amor» (CONFERENCIA EPISCOPAL CATÓLICA DE LA INDIA, *Respuesta de la Iglesia en la India a los desafíos actuales*, 9 de marzo de 2016, citado en FT 271). En algunas regiones, los cristianos que se comprometen a construir relaciones fraternas con personas de otras religiones sufren persecución. La Asamblea los anima a perseverar en sus esfuerzos con esperanza.

42. La pluralidad de religiones y culturas, la variedad de tradiciones espirituales y teológicas, la variedad de los dones del Espíritu y de las tareas de la comunidad, así como la diversidad de edad, sexo y pertenencia social dentro de la Iglesia, son una invitación a que cada uno reconozca y asuma su propia parcialidad, renunciando a la pretensión de ser el centro y abriéndose a acoger otras perspectivas. Cada uno es portador de una contribución peculiar e indispensable para completar la obra común. La Iglesia sinodal puede describirse recurriendo a la imagen de la orquesta: la variedad de instrumentos es necesaria para dar vida a la belleza y a la armonía de la música, dentro de la cual la voz de cada uno mantiene

sus propios rasgos distintivos al servicio de la misión común. Así se manifiesta la armonía que el Espíritu obra en la Iglesia, siendo él la armonía en persona (cf S. BASILIO, *Sobre el Salmo 29*.1; *Sobre el Espíritu Santo*, XVI.38).

Espiritualidad sinodal

43. La sinodalidad es ante todo una disposición espiritual que impregna la vida cotidiana de los bautizados y todos los aspectos de la misión de la Iglesia. Una espiritualidad sinodal brota de la acción del Espíritu Santo y requiere escucha de la Palabra de Dios, la contemplación, el silencio y la conversión del corazón. Como afirmó el Papa Francisco en el discurso de apertura de esta Segunda Sesión, «el Espíritu Santo es un guía seguro, y nuestra primera tarea es aprender a discernir su voz, porque Él habla en todos y en todas las cosas» (Intervención en la *Primera Congregación General de la Segunda Sesión de la XVI Asamblea General Ordinaria del Sínodo de los Obispos*, 2 de octubre de 2024). Una espiritualidad sinodal exige también ascesis, humildad, paciencia y disponibilidad para perdonar y ser perdonado. Acoge con gratitud y humildad la variedad de dones y tareas distribuidos por el Espíritu Santo para el servicio del único Señor

(cf 1Cor 12,4-5). Lo hace sin ambiciones ni envidias, ni deseos de dominio o control, cultivando los mismos sentimientos de Cristo Jesús, que «se despojó de sí mismo asumiendo la condición de siervo» (Flp 2,7). Reconocemos el fruto cuando la vida cotidiana de la Iglesia está marcada por la unidad y la armonía en la pluriformidad. Nadie puede proceder solo en un camino de auténtica espiritualidad. Tenemos necesidad de apoyo, incluyendo la formación y el acompañamiento espiritual, como individuos y como comunidad.

44. La renovación de la comunidad cristiana solo es posible reconociendo la primacía de la gracia. Si falta la profundidad espiritual personal y comunitaria, la sinodalidad se reduce a un expediente organizativo. Estamos llamados no solo a traducir los frutos de la experiencia espiritual personal en procesos comunitarios, sino a tener la experiencia de cómo la práctica del mandamiento nuevo del amor recíproco es lugar y forma del encuentro con Dios. En este sentido, la perspectiva sinodal, a la vez que se inspira en el rico patrimonio espiritual de la Tradición, contribuye a renovar las formas: una oración abierta a la participación, un discernimiento vivido juntos, una energía misionera que nace del compartir y se irradia como servicio.

45. La conversación en el Espíritu es una herramienta que, aun con sus limitaciones, resulta fructífera para permitir la escucha y el discernimiento de «lo que el Espíritu dice a las Iglesias» (Ap 2,7). Su práctica ha provocado alegría, asombro y gratitud y se ha experimentado como un camino de renovación que transforma a las personas, a los grupos y a la Iglesia. La palabra «conversación» expresa algo más que un mero diálogo: entrelaza armoniosamente pensamiento y sentimiento y genera un mundo de vida compartido. Por eso puede decirse que en la conversación está en juego la conversión. Es un dato antropológico que se encuentra en pueblos y culturas diferentes, unidos por la práctica de reunirse solidariamente para tratar y decidir sobre cuestiones vitales para la comunidad. La gracia lleva a término esta experiencia humana: conversar «en el Espíritu» significa vivir la experiencia de compartir a la luz de la fe y en la búsqueda del querer de Dios, en un clima evangélico en el que el Espíritu Santo puede hacer oír Su voz inconfundible.

46. En todas las etapas del proceso sinodal resonó la necesidad de sanación, reconciliación y reconstrucción de la confianza dentro de la Iglesia, en particular tras demasiados escándalos de abusos, y dentro de la sociedad. La Iglesia

está llamada a poner en el centro de su vida y de su acción el hecho de que, en Cristo, por el Bautismo, estamos confiados los unos a los otros. Reconocer esta realidad profunda se convierte en un deber sagrado que nos permite reconocer los errores y reconstruir la confianza. Recorrer este camino es un acto de justicia, un compromiso misionero del Pueblo de Dios en nuestro mundo y un don que debemos invocar desde lo alto. El deseo de seguir recorriendo este camino es el fruto de la renovación sinodal.

La sinodalidad como profecía social

47. Practicado con humildad, el estilo sinodal puede hacer de la Iglesia una voz profética en el mundo de hoy. «La Iglesia sinodal es como un estandarte alzado entre las naciones (cf Is 11,12)» (PAPA FRANCISCO, *Discurso para la conmemoración del 50 aniversario de la constitución del Sínodo de los Obispos*, 17 de octubre de 2015). Vivimos en una época marcada por el aumento de las desigualdades, la creciente desilusión con los modelos tradicionales de gobierno, el desencanto con el funcionamiento de la democracia, las crecientes tendencias autocráticas y dictatoriales, el dominio del modelo de mercado sin tener en cuenta la vulnerabilidad de las personas y la

creación, y la tentación de resolver los conflictos por la fuerza en lugar del diálogo. Las prácticas auténticas de sinodalidad permiten a los cristianos desarrollar una cultura capaz de profetizar críticamente frente al pensamiento dominante y ofrecer así una contribución distintiva a la búsqueda de respuestas a muchos de los retos a los que se enfrentan las sociedades contemporáneas y a la construcción del bien común.

48. El modo sinodal de vivir las relaciones es una forma de testimonio con relación a la sociedad. Además, responde a la necesidad humana de ser acogido y sentirse reconocido dentro de una comunidad concreta. Es un desafío al creciente aislamiento de las personas y al individualismo cultural, que incluso la Iglesia ha absorbido con frecuencia, y nos llama al cuidado recíproco, a la interdependencia y a la corresponsabilidad por el bien común. Asimismo, desafía un exagerado comunitarismo social que asfixia a las personas y no les permite ser sujetos de su propio desarrollo. La disponibilidad de escuchar a todos, especialmente a los pobres, contrasta con un mundo en el que la concentración de poder deja fuera a los pobres, a los marginados, a las minorías y a la tierra, nuestra casa común. Tanto la sinodalidad como la ecología integral asumen la perspectiva de las

relaciones e insisten en la necesidad de cuidar los vínculos: por eso se corresponden y se integran en el modo de vivir la misión de la Iglesia en el mundo contemporáneo.

Parte II

En la barca, juntos

La conversión de las relaciones

Estaban juntos Simón Pedro, Tomás apodado el Mellizo; Natanael, el de Caná de Galilea; los Zebedeos y otros dos discípulos suyos. Simón Pedro les dice: «Me voy a pescar». Ellos contestan: «Vamos también nosotros contigo» (Jn 21,2-3).

49. El lago de Tiberíades fue el lugar en el que empezó todo. Pedro, Andrés, Santiago y Juan habían dejado la barca y las redes para ir tras Jesús. Después de Pascua, partieron de nuevo de aquel lago. Por la noche, un diálogo resuena en la orilla: «Voy a pescar». «Nosotros también vamos contigo». También el camino sinodal comenzó así: escuchamos la invitación del Sucesor de Pedro y la acogimos; partimos con él y detrás de él. Juntos hemos orado, reflexionado, luchado y dialogado. Pero sobre todo hemos experimentado que son las relaciones las que sostienen su vitalidad, animando sus estructuras. Una Iglesia sinodal misionera necesita renovar ambas cosas.

Nuevas relaciones

50. A lo largo del recorrido del Sínodo y en todas las latitudes, surgió la llamada a una Iglesia
más capaz de alimentar las relaciones: con el Señor, entre hombres y mujeres, en las familias, en
las comunidades, entre todos los cristianos, entre
los grupos sociales, entre las religiones, con la
creación. Muchos expresaron su sorpresa por haber sido interpelados y su alegría por poder hacer
oír sus voces en la comunidad; tampoco faltaron
quienes compartieron el sufrimiento de sentirse
excluidos o juzgados también por su situación
matrimonial, su identidad y su sexualidad. El deseo de relaciones más auténticas y significativas
no solo expresa la aspiración a pertenecer a un
grupo cohesionado, sino que corresponde a una
profunda conciencia de fe: la calidad evangélica
de las relaciones comunitarias es decisiva para el
testimonio que el Pueblo de Dios está llamado a
dar en la historia. «En esto conocerán todos que
sois discípulos míos: si os amáis unos a otros» (Jn
13,35). Las relaciones renovadas por la gracia
y la hospitalidad ofrecida a los últimos según la
enseñanza de Jesús son el signo más elocuente
de la acción del Espíritu Santo en la comunidad
de los discípulos. Ser Iglesia sinodal exige, pues,
una verdadera conversión relacional. Debemos
aprender de nuevo del Evangelio que el cuidado

de las relaciones no es una estrategia o una herramienta para una mayor eficacia organizativa, sino que es la forma en que Dios Padre se ha revelado en Jesús y en el Espíritu. Cuando nuestras relaciones, incluso en su fragilidad, dejan traslucir la gracia de Cristo, el amor del Padre y la comunión del Espíritu, confesamos con nuestra vida la fe en Dios Uno y Trino.

51. Es a los Evangelios a donde debemos mirar para trazar el mapa de la conversión que se requiere de nosotros, aprendiendo a hacer nuestras las actitudes de Jesús. Los Evangelios lo «presentan constantemente en escucha de la gente que se encuentra con él por los caminos de Tierra Santa» (DEC 11). Hombres o mujeres, judíos o paganos, doctores de la ley o publicanos, justos o pecadores, mendigos, ciegos, leprosos o enfermos, Jesús no despide a nadie sino que se detiene a escuchar y a entablar un diálogo. Ha revelado el rostro del Padre saliendo al encuentro de cada persona allí donde está su historia y su libertad. De la escucha profunda de las necesidades y de la fe de las personas con las que se encontraba, brotaban palabras y gestos que renovaban sus vidas, abriendo el camino para sanar las relaciones. Jesús es el Mesías que «hace oír a los sordos y hablar a los mudos» (Mc 7,37). Nos pide a nosotros, sus discípulos, que nos comportemos de

la misma manera y nos da, con la gracia del Espíritu Santo, la capacidad de hacerlo, modelando nuestro corazón según el suyo: solo «el corazón hace posible cualquier vínculo auténtico, porque una relación que no se construye con el corazón es incapaz de superar la fragmentación del individualismo» (DN 17). Cuando escuchamos a nuestros hermanos, participamos de la actitud con la que Dios, en Jesucristo, sale al encuentro de cada uno.

52. La necesidad de una conversión en las relaciones concierne inequívocamente a las relaciones entre hombres y mujeres. El dinamismo relacional está inscrito en nuestra condición de criaturas. La diferencia sexual constituye la base de la relacionalidad humana. «Y creó Dios al hombre a su imagen, a imagen de Dios lo creó, varón y mujer los creó» (Gén 1,27). En el proyecto de Dios, esta diferencia originaria no implica desigualdad entre el hombre y la mujer. En la nueva creación, esta es reinterpretada a la luz de la dignidad del Bautismo: «Cuantos habéis sido bautizados en Cristo, os habéis revestido de Cristo. No hay judío y griego, esclavo y libre, hombre y mujer, porque todos vosotros sois uno en Cristo Jesús» (Gál 3,27-28). Como cristianos, estamos llamados a acoger y respetar, en las distintas formas y

contextos en que se expresa, esta diferencia que es don de Dios y fuente de vida. Damos testimonio del Evangelio cuando intentamos vivir relaciones que respeten la igual dignidad y la reciprocidad entre hombres y mujeres. Las expresiones recurrentes de dolor y sufrimiento por parte de mujeres de todas las regiones y continentes, tanto laicas como consagradas, durante el proceso sinodal, revelan con qué frecuencia no logramos hacerlo.

En una pluralidad de contextos

53. La llamada a la renovación de las relaciones en el Señor Jesús resuena en la pluralidad de contextos en los que sus discípulos viven y realizan la misión de la Iglesia. Cada uno de estos contextos posee riquezas particulares que, indispensablemente, hay que tener en cuenta, vinculadas al pluralismo de las culturas. Sin embargo, todos ellos, aunque de manera diferente, llevan los signos de lógicas relacionales distorsionadas y a veces opuestas a las del Evangelio. A lo largo de la historia, el cierre a las relaciones se solidifica en verdaderas estructuras de pecado (cf SRS 36), que influyen en el modo de pensar y actuar de las personas. En particular, generan bloqueos y miedos, que es necesario afrontar cara a cara y

atravesar para poder emprender el camino de la conversión relacional.

54. Enraizados en esta dinámica están los males que afligen a nuestro mundo, empezando por las guerras y los conflictos armados, y la ilusión de que se puede alcanzar una paz justa por la fuerza de las armas. Igualmente letal es la creencia de que toda la creación, incluso las personas, puedan ser explotadas a capricho con fines lucrativos. Esta es la consecuencia de las muchas y variadas barreras que dividen a las personas, incluso en las comunidades cristianas, y limitan las posibilidades de unos en comparación con las que disfrutan otros: desigualdades entre hombres y mujeres, racismo, división de castas, discriminación de las personas con discapacidad, violación de los derechos de las minorías de todo tipo, falta de voluntad para acoger a los migrantes. Incluso la relación con la tierra, nuestra hermana y madre (cf LS 1), presenta los signos de una fractura que pone en peligro la vida de innumerables comunidades, sobre todo en las regiones más empobrecidas, cuando no de pueblos enteros y tal vez de toda la humanidad. El cierre más radical y dramático es el que se refiere a la propia vida humana, que conduce al descarte de los niños, desde el seno materno, y de los ancianos.

55. Tantos males que asolan nuestro mundo se manifiestan también en la Iglesia. La crisis de los abusos, en sus diversas y trágicas manifestaciones, ha traído un sufrimiento indecible y a menudo duradero a las víctimas y supervivientes, y a sus comunidades. La Iglesia debe escuchar con particular atención y sensibilidad la voz de las víctimas y de los supervivientes de los abusos sexuales, espirituales, institucionales, de poder o de conciencia por parte de miembros del clero o de personas con cargos eclesiales. La auténtica escucha es un elemento fundamental en el camino hacia la sanación, el arrepentimiento, la justicia y la reconciliación. En una época que experimenta una crisis global de confianza y que incita a las personas a vivir en la desconfianza y la sospecha, la Iglesia debe reconocer sus propios defectos, pedir perdón humildemente, hacerse cargo de las víctimas, dotarse de herramientas de prevención y esforzarse por reconstruir la confianza mutua en el Señor.

56. La escucha de los que sufren la exclusión y la marginación refuerza la conciencia de la Iglesia de que es parte de su misión hacerse cargo del peso de estas relaciones heridas para que el Señor, el «Viviente», pueda sanarlas. Solo así puede ser «en Cristo como un sacramento o signo e instrumento de la unión íntima con Dios y de la

unidad de todo el género humano» (LG 1). Al mismo tiempo, la apertura al mundo nos permite descubrir que en cada rincón del planeta, en cada cultura y en cada grupo humano, el Espíritu ha sembrado las semillas del Evangelio. Estas fructifican en la capacidad de vivir relaciones sanas, de cultivar la confianza mutua y el perdón, de superar el miedo a la diversidad y dar vida a comunidades acogedoras, de promover una economía que cuide de las personas y del planeta, de reconciliarse después de un conflicto. La historia nos deja un legado de conflictos motivados también en nombre de la afiliación religiosa, que socavan la credibilidad de las propias religiones. Una fuente de sufrimiento es el escándalo de la división entre comuniones cristianas, la enemistad entre hermanos y hermanas que han recibido el mismo Bautismo. La renovada experiencia de impulso ecuménico que acompaña el camino sinodal, uno de los signos de la conversión relacional, abre a la esperanza.

Carismas, vocaciones y ministerios para la misión

57. Los cristianos, personalmente o de forma asociada, están llamados a hacer fructificar los dones que el Espíritu concede con vistas al

testimonio y al anuncio del Evangelio. «Hay diversidad de carismas, pero un mismo Espíritu; hay diversidad de ministerios, pero un mismo Señor; y hay diversidad de actuaciones, pero un mismo Dios que obra todo en todos. Pero a cada cual se le otorga la manifestación del Espíritu para el bien común» (1Cor 12,4-7). En la comunidad cristiana, todos los bautizados están enriquecidos con dones para compartir, cada uno según su vocación y condición de vida. Las diferentes vocaciones eclesiales son, de hecho, expresiones múltiples y articuladas de la única llamada bautismal a la santidad y a la misión. La variedad de carismas, que tiene su origen en la libertad del Espíritu Santo, tiene como finalidad la unidad del cuerpo eclesial de Cristo (cf LG 32) y la misión en los diversos lugares y culturas (cf LG 12). Estos dones no son propiedad exclusiva de quienes los reciben y ejercen, ni pueden ser motivo de reivindicación para sí mismos o para un grupo. Están llamados a contribuir tanto a la vida de la comunidad cristiana, como al desarrollo de la sociedad en sus múltiples dimensiones, mediante una adecuada pastoral vocacional.

58. Cada bautizado responde a las exigencias de la misión en los contextos en los que vive y trabaja desde sus propias inclinaciones y capacidades, manifestando así la libertad del Espíritu

en la concesión de sus dones. Gracias a este dinamismo en el Espíritu, el Pueblo de Dios, escuchando la realidad en la que vive, puede descubrir nuevos ámbitos de compromiso y nuevas formas de realizar su misión. Los cristianos que, en distintas competencias –en la familia y en otros estados de vida, en el lugar de trabajo y en las profesiones, en el compromiso cívico o político, social o ecológico, en el desarrollo de una cultura inspirada en el Evangelio como en la evangelización de la cultura del entorno digital–, recorren los caminos del mundo y en sus ambientes de vida anuncian el Evangelio, están sostenidos por los dones del Espíritu.

59. Piden a la Iglesia que no les deje solos, sino que se sientan enviados y apoyados. Piden alimentarse del pan de la Palabra y de la Eucaristía, así como de los lazos fraternos de la comunidad. Piden que se reconozca su compromiso como lo que es: una acción de la Iglesia en favor del Evangelio, y no una opción privada. Por último, piden que la comunidad acompañe a quienes, por su testimonio, se han sentido atraídos por el Evangelio. En una Iglesia sinodal misionera, bajo la guía de sus pastores, las comunidades podrán enviar y sostener a quienes han sido enviados. Por tanto, se concebirán a sí mismas principalmente al servicio de la misión que los

fieles llevan a cabo en la sociedad, en la vida familiar y laboral, sin centrarse exclusivamente en las actividades que tienen lugar en su interior y en sus necesidades organizativas.

60. En virtud del Bautismo, hombres y mujeres gozan de igual dignidad en el Pueblo de Dios. Sin embargo, las mujeres siguen encontrando obstáculos para obtener un reconocimiento más pleno de sus carismas, de su vocación y de su lugar en los diversos ámbitos de la vida de la Iglesia, en detrimento del servicio a la misión común. La Escritura atestigua la función destacada de muchas mujeres en la historia de la salvación. A una mujer, María Magdalena, se le confió el primer anuncio de la Resurrección; el día de Pentecostés, en el Cenáculo, estaba presente María, la Madre de Dios, junto a muchas mujeres que habían seguido al Señor. Es importante que los pasajes pertinentes de la Escritura encuentren un espacio apropiado en los leccionarios litúrgicos. Algunas coyunturas cruciales en la historia de la Iglesia confirman la contribución esencial de las mujeres movidas por el Espíritu. Las mujeres constituyen la mayoría de los fieles y a menudo son los primeros testigos de la fe en las familias. Participan activamente en la vida de pequeñas comunidades cristianas y parroquias; dirigen escuelas, hospitales y centros de acogida;

lideran iniciativas en favor de la reconciliación y la promoción de la dignidad humana y la justicia social. Las mujeres contribuyen a la investigación teológica y están presentes en puestos de responsabilidad en instituciones vinculadas a la Iglesia, la Curia diocesana y la Curia Romana. Hay mujeres que ejercen funciones de autoridad o son líderes de comunidades. Esta Asamblea hace un llamamiento a la plena aplicación de todas las oportunidades ya previstas en la legislación vigente en relación con la función de la mujer, en particular en los lugares donde aún no se han implementado. No hay nada que impida que las mujeres desempeñen funciones de liderazgo en la Iglesia: lo que viene del Espíritu Santo no puede detenerse. También sigue abierta la cuestión del acceso de las mujeres al ministerio diaconal y es necesario proseguir con el discernimiento a este respecto. La Asamblea pide también que se preste más atención al lenguaje y a las imágenes utilizadas en la predicación, la enseñanza, la catequesis y la redacción de los documentos oficiales de la Iglesia, dando más espacio a la contribución de mujeres santas, teólogas y místicas.

61. Dentro de la comunidad cristiana, hay que prestar una atención especial a los niños: no solo tienen necesidad de ser acompañados en la aventura de crecer, sino que tienen mucho que

aportar a la comunidad de los creyentes. Cuando los apóstoles discuten entre ellos quién es el más grande, Jesús pone en el centro a un niño, presentándolo como criterio para entrar en el Reino (cf Mc 9,33-37). La Iglesia no puede ser sinodal sin la aportación de los niños, portadores de un potencial misionero que hay que valorizar. Su voz es necesaria para la comunidad: debemos escucharla y comprometernos para que todos en la sociedad la escuchen, especialmente los que tienen responsabilidades políticas y educativas. Una sociedad que no sabe acoger y cuidar a los niños es una sociedad enferma; el sufrimiento que muchos de ellos padecen a causa de la guerra, la pobreza y el abandono, los abusos y el tráfico es un escándalo que requiere el valor de la denuncia y el compromiso de la solidaridad.

62. Los jóvenes tienen también una contribución que aportar a la renovación sinodal de la Iglesia. Son particularmente sensibles a los valores de fraternidad y de compartir, al tiempo que rechazan las actitudes paternalistas o autoritarias. A veces su actitud hacia la Iglesia aparece como una crítica, pero a menudo adopta la forma positiva de un compromiso personal en favor de una comunidad acogedora, comprometida en la lucha contra la injusticia social y en el cuidado de la casa común. La petición de

«caminar juntos en la vida cotidiana», planteada por los jóvenes en el Sínodo a ellos dedicado en 2018, corresponde exactamente al horizonte de una Iglesia sinodal. Por eso, es esencial ofrecerles un acompañamiento atento y paciente; en particular, merece ser asumida la propuesta, surgida gracias a su contribución, de «una experiencia de acompañamiento con vistas al discernimiento», que incluye la vida fraterna compartida con educadores adultos, un compromiso apostólico para vivir juntos al servicio de los más necesitados; la oferta de una espiritualidad enraizada en la oración y la vida sacramental (cf XV ASAMBLEA GENERAL ORDINARIA DEL SÍNODO DE LOS OBISPOS, *Documento final «Los jóvenes, la fe y el discernimiento vocacional»*, 161).

63. Al promover la corresponsabilidad en la misión de todos los bautizados, reconocemos las capacidades apostólicas de las personas con discapacidad que se sienten llamadas y enviadas como sujetos activos de evangelización. Queremos valorar la aportación que proviene de la inmensa riqueza de humanidad que traen consigo. Reconocemos sus experiencias de sufrimiento, marginación, discriminación, a veces sufridas incluso dentro de la propia comunidad cristiana, debido a actitudes paternalistas de lástima. Para favorecer su participación en la vida y misión de

la Iglesia, se propone la creación de un Observatorio Eclesial de la Discapacidad.

64. Entre las vocaciones con las que la Iglesia se enriquece, destaca la de los esposos. El Concilio Vaticano II enseñó que «tienen en su modo y estado su carisma propio dentro del Pueblo de Dios» (LG 11). El sacramento del matrimonio confiere una misión particular que concierne al mismo tiempo a la vida de la familia, a la edificación de la Iglesia y al compromiso en la sociedad. En particular, en los últimos años ha crecido la conciencia de que las familias son sujetos y no solo destinatarios de la pastoral familiar. Por eso necesitan encontrarse y trabajar en red, también con la ayuda de las instituciones eclesiales dedicadas a la educación de niños y jóvenes. Una vez más, la Asamblea expresa su propia cercanía y apoyo a todos aquellos que viven una condición de soledad como elección de fidelidad a la tradición y al magisterio de la Iglesia en materia matrimonial y de ética sexual, en la que reconocen una fuente de vida.

65. A lo largo de los siglos, los dones espirituales han dado origen también a diversas expresiones de vida consagrada. Desde los primeros tiempos, la Iglesia ha reconocido la acción del Espíritu en la vida de aquellos hombres y mujeres que

han elegido seguir a Cristo por el camino de los consejos evangélicos, consagrándose al servicio de Dios tanto en la contemplación como en las múltiples formas de servicio. La vida consagrada está llamada a interpelar a la Iglesia y a la sociedad con su voz profética. En su experiencia secular, las familias religiosas han madurado prácticas de vida sinodal y discernimiento en común, aprendiendo a armonizar los dones individuales y la misión común. Las órdenes y congregaciones, las sociedades de vida apostólica, los institutos seculares, así como las asociaciones, movimientos y nuevas comunidades tienen una contribución especial que hacer al crecimiento de la sinodalidad en la Iglesia. Hoy, muchas comunidades de vida consagrada son un laboratorio de interculturalidad que constituye una profecía para la Iglesia y el mundo. Al mismo tiempo, la sinodalidad invita –y a veces desafía– a los pastores de las Iglesias locales, así como a los responsables de la vida consagrada y las agregaciones eclesiales, a fortalecer las relaciones de modo que se dé vida a un intercambio de dones al servicio de la misión común.

66. La misión implica a todos los bautizados. La primera tarea de los laicos, hombres y mujeres, es impregnar y transformar las realidades temporales con el espíritu del Evangelio (cf LG 31.33;

AA 5-7). El proceso sinodal, sostenido con el estímulo del Papa Francisco (cf Carta apostólica en forma de motu proprio *Spiritus Domini*, 10 de enero de 2021), ha exhortado a las Iglesias locales a responder con creatividad y valentía a las necesidades de la misión, discerniendo entre los carismas algunos que conviene que tomen una forma ministerial, dotándose de criterios, instrumentos y procedimientos adecuados. No todos los carismas deben configurarse como ministerios, ni todos los bautizados deben ser ministros, ni todos los ministerios deben ser instituidos. Para que un carisma se configure como ministerio, es necesario que la comunidad identifique una verdadera necesidad pastoral, acompañada de un discernimiento realizado por el pastor junto con la comunidad sobre la conveniencia de crear un nuevo ministerio. Como fruto de este proceso, la autoridad competente toma la decisión. En una Iglesia sinodal misionera, se pide la promoción de más formas de ministerios laicales, es decir, ministerios que no requieren el sacramento del Orden, no solo en el ámbito litúrgico. Pueden ser instituidos o no instituidos. También se debe reflexionar sobre cómo confiar los ministerios laicales en una época en la que las personas se desplazan de un lugar a otro cada vez con mayor facilidad, precisando los tiempos y los espacios para su ejercicio.

67. Entre los muchos servicios eclesiales, la Asamblea reconoció la contribución a la comprensión de la fe y al discernimiento que ofrece la teología en la variedad de sus expresiones. Los teólogos y teólogas ayudan al Pueblo de Dios a desarrollar una comprensión de la realidad iluminada por la Revelación y a elaborar respuestas adecuadas y un lenguaje apropiado para la misión. En la Iglesia sinodal y misionera «el carisma de la teología está llamado a desempeñar un servicio específico [...]. Junto con la experiencia de fe y la contemplación de la verdad del Pueblo fiel y con la predicación de los pastores, la teología contribuye a la penetración cada vez más profunda del Evangelio. Además, "como en el caso de todas las vocaciones cristianas, el ministerio de los teólogos, al tiempo que personal, es también comunitario y colegial"» (CTI, n. 75), sobre todo cuando se ejerce en forma de enseñanza a la que se confía una misión canónica en instituciones académicas eclesiásticas. «La sinodalidad eclesial compromete también a los teólogos a hacer teología en forma sinodal, promoviendo entre ellos la capacidad de escuchar, dialogar, discernir e integrar la multiplicidad y la variedad de las instancias y de los aportes» (*ib*). En esta línea, es urgente fomentar, a través de formas institucionales adecuadas, el diálogo entre los pastores y los que se dedican a la investigación

teológica. La Asamblea invita a las instituciones teológicas a continuar la investigación dirigida a clarificar y profundizar el significado de la sinodalidad y la formación que la acompaña en las Iglesias locales.

El ministerio ordenado al servicio de la armonía

68. Como todos los ministerios de la Iglesia, el episcopado, el presbiterado y el diaconado están al servicio del anuncio del Evangelio y de la edificación de la comunidad eclesial. El Concilio Vaticano II recordó que el ministerio ordenado, de institución divina, «está ejercido en diversos órdenes que ya desde antiguo recibían los nombres de obispos, presbíteros y diáconos» (LG 28). En este contexto, el Concilio Vaticano II afirmó la sacramentalidad del episcopado (cf LG 21), recuperó la realidad comunitaria del presbiterado (cf LG 28) y abrió el camino para la restauración del ejercicio permanente del diaconado en la Iglesia latina (cf LG 29).

El ministerio del obispo: componer los dones del Espíritu en la unidad

69. La tarea del obispo es presidir una Iglesia local, como principio visible de unidad en su interior y vínculo de comunión con todas las Iglesias. La afirmación del Concilio según la cual «por la consagración episcopal se confiere la plenitud del sacramento del Orden» (LG 21) permite comprender la identidad del obispo en el entramado de las relaciones sacramentales con Cristo y con la «porción del Pueblo de Dios» (CD 11) que le ha sido confiada y a la que está llamado a servir en nombre de Cristo Buen Pastor. Al que es ordenado obispo no se le confían prerrogativas y tareas que deba realizar solo. Al contrario, recibe la gracia y la tarea de reconocer, discernir y componer en la unidad los dones que el Espíritu derrama sobre las personas y las comunidades, actuando en el interior del vínculo sacramental con los presbíteros y los diáconos, corresponsables con él del servicio ministerial en la Iglesia local. De este modo, realiza lo que es más propio y específico de su misión en el contexto de la preocupación por la comunión de las Iglesias.

70. El del obispo es un servicio en, con y para la comunidad (cf LG 20), realizado a través de

la proclamación de la Palabra, la presidencia de la celebración de la Eucaristía y de los demás sacramentos. Por ello, la Asamblea sinodal desea que el Pueblo de Dios tenga más voz en la elección de los obispos. Recomienda también que la ordenación del obispo tenga lugar en la diócesis a la que está destinado como pastor y no en la diócesis de origen, como sucede a menudo, y que los principales consagrantes sean elegidos entre los obispos de la provincia eclesiástica, incluido, en la medida de lo posible, el metropolitano. Así manifestará mejor que quien llega a ser obispo contrae un vínculo con la Iglesia a la que está destinado, asumiendo públicamente ante ella los compromisos de su ministerio. Es igualmente importante que, sobre todo durante las visitas pastorales, pueda pasar tiempo con los fieles, para escucharlos con vistas a su discernimiento. Esto les ayudará a experimentar la Iglesia como familia de Dios. La relación constitutiva del obispo con la Iglesia local no aparece hoy con suficiente claridad en el caso de los obispos titulares, por ejemplo, los representantes pontificios o los que sirven en la Curia Romana. Será oportuno seguir reflexionando sobre esta cuestión.

71. Los obispos también necesitan ser acompañados y apoyados en su ministerio. El metropolitano puede desempeñar un papel en la promo-

ción de la fraternidad entre obispos de diócesis vecinas. A lo largo del camino sinodal, surgió la necesidad de ofrecer a los obispos caminos de formación permanente también en los contextos locales. Se recordó la necesidad de clarificar el rol de los obispos auxiliares y de ampliar las tareas que el obispo puede delegar. También debe valorizarse la experiencia de los obispos eméritos en su nuevo modo de estar al servicio del Pueblo de Dios. Es importante ayudar a los fieles a no cultivar expectativas excesivas e irreales respecto al obispo, recordando que también él es un hermano frágil, expuesto a la tentación, necesitado de ayuda como todos. Una visión idealizada del obispo no facilita su delicado ministerio, que en cambio se sostiene por la participación de todo el Pueblo de Dios en la misión en una Iglesia verdaderamente sinodal.

Con el obispo: presbíteros y diáconos

72. En una Iglesia sinodal, los presbíteros están llamados a vivir su servicio en una actitud de cercanía a las personas, de acogida y escucha de todos, abriéndose a un estilo auténticamente sinodal. Los presbíteros «forman con su obispo un único presbiterio» (LG 28) y colaboran con él en el discernimiento de los carismas y en el acompa-

ñamiento y guía de la Iglesia local, con particular atención al servicio de la unidad. Están llamados a vivir la fraternidad presbiteral y a caminar juntos en el servicio pastoral. También forman parte del presbiterio los presbíteros miembros de institutos de vida consagrada y de sociedades de vida apostólica, que lo enriquecen con la peculiaridad de su carisma. Ellos, así como los presbíteros que proceden de Iglesias orientales *sui iuris,* célibes o casados, y los presbíteros *fidei donum* y aquellos que provienen de otras naciones, ayudan al clero local a abrirse a los horizontes de toda la Iglesia, mientras que los presbíteros diocesanos ayudan a los otros hermanos a insertarse en la historia de una diócesis concreta, con sus tradiciones y riquezas espirituales. De este modo, también en el presbiterio se realiza un verdadero intercambio de dones con vistas a la misión. Los presbíteros también tienen necesidad de ser acompañados y apoyados, especialmente en las primeras etapas de su ministerio y en los momentos de debilidad y fragilidad.

73. Servidores de los misterios de Dios y de la Iglesia (cf LG 41), los diáconos son ordenados «no en orden al sacerdocio, sino en orden al ministerio» (LG 29). Lo ejercen en el servicio de la caridad, en el anuncio y en la liturgia, mostrando en cada contexto social y eclesial en el que están

presentes la relación entre el Evangelio anunciado y la vida vivida en el amor, y promoviendo en toda la Iglesia una conciencia y un estilo de servicio hacia todos, especialmente hacia los más pobres. Las funciones de los diáconos son múltiples, como muestran la Tradición, la oración litúrgica y la práctica pastoral. Deben especificarse en respuesta a las necesidades de cada Iglesia local, en particular para despertar y sostener la atención de todos hacia los más pobres, en el marco de una Iglesia sinodal misionera y misericordiosa. El ministerio diaconal sigue siendo desconocido para muchos cristianos, también porque, aunque fue restaurado por el Concilio Vaticano II en la Iglesia latina como un grado propio y permanente (cf LG 29), todavía no ha sido aceptado en todas las áreas geográficas. La enseñanza del Concilio deberá ser profundizada ulteriormente, también sobre la base de una revisión de las numerosas experiencias en curso, pero ya ofrece sólidas motivaciones a las Iglesias locales para que no tarden en promover de manera más generosa el diaconado permanente, reconociendo en este ministerio un factor precioso para la maduración de una Iglesia Sierva en el seguimiento del Señor Jesús, que se hizo servidor de todos. Esta profundización puede ayudar también a comprender mejor el significado de la ordenación diaconal de quienes llegarán a ser presbíteros.

Colaboración entre ministros ordenados dentro de la Iglesia sinodal

74. Varias veces, durante el proceso sinodal, se expresó gratitud a los obispos, presbíteros y diáconos por la alegría, el compromiso y la dedicación con que desempeñan su servicio. También se escucharon las dificultades que los pastores encuentran en su ministerio, principalmente relacionadas con la sensación de aislamiento, soledad, así como el sentirse abrumados por las exigencias de atender todas las necesidades. La experiencia del Sínodo puede ayudar a obispos, presbíteros y diáconos a redescubrir la corresponsabilidad en el ejercicio de su ministerio, que requiere también la colaboración con otros miembros del Pueblo de Dios. Una distribución más articulada de tareas y responsabilidades, un discernimiento más valiente de lo que pertenece propiamente al ministerio ordenado y de lo que puede y debe delegarse en otros, favorecerá su ejercicio de una manera espiritualmente más sana y pastoralmente más dinámica en cada uno de sus órdenes. Esta perspectiva no dejará de repercutir en unos procesos de toma de decisiones caracterizados por un estilo más claramente sinodal. También ayudará a superar el clericalismo entendido como el uso del poder en beneficio propio y la distorsión de la autoridad de la Iglesia

que está al servicio del Pueblo de Dios. Este se expresa especialmente en abusos sexuales, económicos, de conciencia y de poder por parte de los ministros de la Iglesia. «El clericalismo, fomentado tanto por los mismos sacerdotes como por los laicos, genera un cisma en el cuerpo eclesial que fomenta y ayuda a perpetuar muchos de los males que hoy denunciamos» (PAPA FRANCISCO, *Carta al Pueblo de Dios*, 20 de agosto de 2018).

Juntos por la misión

75. En respuesta a las necesidades de la comunidad y de la misión, a lo largo de su historia la Iglesia ha dado origen a ciertos ministerios, distintos de los ordenados. Estos ministerios son la forma que toman los carismas cuando son reconocidos públicamente por la comunidad y por los responsables de guiarla, y se ponen de manera estable al servicio de la misión. Algunos se orientan más específicamente al servicio de la comunidad cristiana. De particular relevancia son los ministerios instituidos, que son conferidos por el obispo, una vez en la vida, con un rito específico, tras un discernimiento apropiado y una formación adecuada de los candidatos. No se trata de un simple mandato o asignación

de tareas; la atribución del ministerio es un sacramental que configura a la persona y define su modo de participar en la vida y misión de la Iglesia. En la Iglesia latina, son el ministerio del lector y del acólito (cf PAPA FRANCISCO, Carta apostólica en forma de motu proprio *Spiritus Domini*, 10 de enero de 2021), y el del catequista (cf PAPA FRANCISCO, Carta apostólica en forma de motu proprio *Antiquum ministerium*, 10 de mayo de 2021). Los términos y modalidades de su ejercicio deben ser definidos por un mandato de la autoridad legítima. Corresponde a las Conferencias Episcopales establecer las condiciones personales que deben cumplir los candidatos y elaborar los itinerarios de formación para acceder a estos ministerios.

76. A estos los acompañan ministerios no instituidos ritualmente, pero ejercidos con estabilidad por mandato de la autoridad competente, como, por ejemplo, el ministerio de coordinar una pequeña comunidad eclesial, dirigir la oración comunitaria, organizar acciones caritativas, etc., que admiten una gran variedad según las características de la comunidad local. Un ejemplo de ello son los catequistas que siempre, en muchas regiones de África, han estado a cargo de comunidades carentes de presbíteros. Aunque no exista un rito prescrito, es aconsejable hacer pú-

blica la encomienda mediante un mandato ante la comunidad para favorecer su reconocimiento efectivo. También existen ministerios extraordinarios, como el ministerio extraordinario de la comunión, la presidencia de las celebraciones dominicales en espera de presbítero, la administración de ciertos sacramentales y otros. El ordenamiento canónico latino y el oriental ya prevé que, en algunos casos, los fieles laicos, hombres o mujeres, puedan ser también ministros extraordinarios del Bautismo. En el ordenamiento canónico latino, el obispo (con autorización de la Santa Sede) puede delegar la asistencia en los matrimonios a fieles laicos, hombres o mujeres. Sobre la base de las necesidades de los contextos locales, se debe considerar la posibilidad de ampliar y estabilizar estas oportunidades de ejercicio ministerial por parte de los fieles laicos. Por último, están los servicios espontáneos, que no necesitan más condiciones ni reconocimiento explícito. Muestran que todos los fieles, de diversas maneras, participan en la misión a través de sus dones y carismas.

77. A los fieles laicos, hombres y mujeres, se les deben ofrecer más oportunidades de participación, explorando también otras formas de servicio y ministerio en respuesta a las necesidades pastorales de nuestro tiempo, en un espíritu de

colaboración y corresponsabilidad diferenciada. Del proceso sinodal surgen, en particular, algunas necesidades concretas, a las que se debe responder de manera adecuada en los diferentes contextos:

a) Una participación más amplia de laicos y laicas en los procesos de discernimiento eclesial y en todas las fases de los procesos decisionales (elaboración y toma de decisiones);

b) Un acceso más amplio de laicos y laicas a los puestos de responsabilidad en las diócesis y las instituciones eclesiásticas, incluidos los seminarios, los institutos y las facultades de teología, en consonancia con las disposiciones vigentes;

c) Un mayor reconocimiento y apoyo a la vida y a los carismas de los consagrados y consagradas y a su empleo en puestos de responsabilidad eclesial;

d) El aumento del número de laicos y laicas cualificados que desempeñen el papel de jueces en los procesos canónicos;

e) El reconocimiento efectivo de la dignidad y el respeto de los derechos de quienes trabajan como empleados de la Iglesia y de sus instituciones.

78. El proceso sinodal ha renovado la conciencia de que la escucha es un componente esencial de todos los aspectos de la vida de la Iglesia: la administración de los sacramentos, especialmente el de la Reconciliación, la catequesis, la formación y el acompañamiento pastoral. En este marco, la Asamblea dedicó atención a la propuesta de crear un ministerio de escucha y acompañamiento, mostrando diversas orientaciones. Algunos se mostraron a favor, porque dicho ministerio sería una forma profética de subrayar la importancia de la escucha y el acompañamiento en la comunidad. Otros afirmaron que la escucha y el acompañamiento son tarea de todos los bautizados, sin necesidad de que sea un ministerio específico. Otros subrayaron la necesidad de profundizar, por ejemplo, en la relación entre este posible ministerio y el acompañamiento espiritual, el *counseling* pastoral y la celebración del sacramento de la Reconciliación. También surgió la sugerencia de que el posible ministerio de escucha y acompañamiento debería dirigirse especialmente a acoger a los que están al margen de la comunidad eclesial, a los que vuelven después de haberse alejado, a los que buscan la verdad y desean que se les ayude a encontrarse con el Señor. Por tanto, sigue siendo necesario proseguir el discernimiento a este respecto. Los

contextos locales donde esta necesidad es más sentida podrán promover su experimentación y desarrollar posibles modelos sobre los que discernir.

Parte III

«Echar la red»

La conversión de los procesos

> *Jesús les dice: «Muchachos, ¿tenéis pescado?». Ellos contestaron: «No». Él les dice: «Echad la red a la derecha de la barca y encontraréis». La echaron, y no podían sacarla, por la multitud de peces* (Jn 21,5-6).

79. La pesca no ha dado fruto y es hora de volver a la orilla. Pero resuena una Voz, con autoridad, que les invita a hacer algo que los discípulos solos no habrían hecho, señalándoles una posibilidad que sus ojos y sus mentes no podían percibir: «Echad la red a la derecha de la barca y encontraréis». A lo largo del proceso sinodal, intentamos escuchar esta Voz y acoger lo que nos decía. En la oración y el diálogo fraterno, reconocimos que el discernimiento eclesial, el cuidado de los procesos decisionales y el compromiso de rendir cuentas del propio trabajo y evaluar el resultado de las decisiones tomadas son prácticas con las que respondemos a la Palabra que nos muestra los caminos de la misión.

80. Estas tres prácticas están estrechamente interrelacionadas. Los procesos de toma de decisiones requieren un discernimiento eclesial, que exige escuchar en un clima de confianza, favorecido por la transparencia y la rendición de cuentas. La confianza debe ser recíproca: los responsables de la toma de decisiones deben ser capaces de confiar y escuchar al Pueblo de Dios, que a su vez debe ser capaz de confiar en aquellos que ejercen la autoridad. Esta visión integral subraya que cada una de estas prácticas dependen mutuamente y se apoyan entre sí, sirviendo a la capacidad de la Iglesia para cumplir su misión. Comprometerse con procesos de toma de decisiones basados en el discernimiento eclesial y asumir una cultura de transparencia, de la rendición de cuentas y la evaluación requiere una formación adecuada que no sea solo técnica, sino capaz de explorar sus fundamentos teológicos, bíblicos y espirituales. Todos los bautizados tienen necesidad de esta formación para el testimonio, la misión, la santidad y el servicio, que pone de relieve la corresponsabilidad. Esto adquiere formas particulares para quienes ocupan puestos de responsabilidad o están al servicio del discernimiento eclesial.

Discernimiento eclesial para la misión

81. Para promover relaciones capaces de sostener y orientar la misión de la Iglesia, es una exigencia prioritaria ejercitar la sabiduría evangélica que permitió a la comunidad apostólica de Jerusalén sellar el resultado del primer acontecimiento sinodal con las palabras: «Hemos decidido, el Espíritu Santo y nosotros» (He 15,28). Es el discernimiento que, ejercido por el Pueblo de Dios en vista de la misión, podemos calificar de «eclesial». El Espíritu, que el Padre ha enviado en nombre de Jesús y que enseña todas las cosas (cf Jn 14,26), guía en todo momento a los creyentes «a toda la verdad» (Jn 16,13). Por su presencia y acción continuas, la «Tradición, que viene de los apóstoles, progresa en la Iglesia» (DV 8). Invocando su luz, el Pueblo de Dios, partícipe de la función profética de Cristo (cf LG 12), «procura discernir en los acontecimientos, exigencias y deseos, que comparte con sus contemporáneos, cuáles son en ellos los signos verdaderos de la presencia o del designio de Dios» (GS 11). Tal discernimiento se sirve de todos los dones de sabiduría que el Señor distribuye en la Iglesia y hunde sus raíces en el *sensus fidei* comunicado por el Espíritu a todos los bautizados. En este espíritu se debe comprender y reorientar la vida de la Iglesia sinodal misionera.

82. El discernimiento eclesial no es una técnica organizativa, sino una práctica espiritual que hay que vivir en la fe. Requiere libertad interior, humildad, oración, confianza mutua, apertura a la novedad y abandono a la voluntad de Dios. No es nunca la afirmación de un punto de vista personal o de grupo, ni se resuelve en la simple suma de opiniones individuales; cada uno, hablando según su conciencia, está abierto a escuchar lo que los demás comparten en conciencia, para buscar juntos reconocer «lo que el Espíritu dice a las Iglesias» (Ap 2,7). Previendo la contribución de todas las personas implicadas, el discernimiento eclesial es a la vez condición y expresión privilegiada de la sinodalidad, en la que se viven juntos comunión, misión y participación. El discernimiento es tanto más rico cuanto más se escucha a todos. Por eso es esencial promover una amplia participación en los procesos de discernimiento, cuidando especialmente la implicación de quienes se encuentran en los márgenes de la comunidad cristiana y de la sociedad.

83. La escucha de la Palabra de Dios es el punto de partida y el criterio de todo discernimiento eclesial. La Sagrada Escritura, en efecto, testimonia que Dios ha hablado a su Pueblo, hasta darnos en Jesús la plenitud de toda la Revelación

(cf DV 2), e indica los lugares donde podemos escuchar su voz. Dios se comunica con nosotros ante todo en la liturgia, porque es Cristo mismo quien habla «cuando en la Iglesia se lee la Sagrada Escritura» (SC 7). Dios habla a través de la Tradición viva de la Iglesia, de su magisterio, de la meditación personal y comunitaria de la Escritura y de las prácticas de la piedad popular. Dios sigue manifestándose a través del clamor de los pobres y de los acontecimientos de la historia humana. Además, Dios se comunica con su Pueblo a través de los elementos de la creación, cuya existencia misma nos refiere a la acción del Creador y está llena de la presencia del Espíritu vivificador. Por último, Dios habla también en la conciencia personal de cada uno, que es «el núcleo más secreto y el sagrario del hombre, en el que este se siente a solas con Dios, cuya voz resuena en el recinto más íntimo de aquella» (GS 16). El discernimiento eclesial exige el continuo cuidado y formación de las conciencias, y la maduración del *sensus fidei,* para no descuidar ninguno de los lugares donde Dios habla y sale al encuentro de su Pueblo.

84. Las etapas del discernimiento eclesial pueden articularse de diferentes maneras, según los lugares y las tradiciones. También sobre la base de la experiencia sinodal, es posible

identificar algunos elementos clave que no deberían faltar:

a) La presentación clara del objeto de discernimiento y el suministro de información e instrumentos adecuados para su comprensión;

b) Un tiempo adecuado para prepararse con la oración, la escucha de la Palabra de Dios y la reflexión sobre el tema;

c) Una disposición interior de libertad con respecto a los propios intereses, personales y de grupo, y un compromiso con la búsqueda del bien común;

d) Una escucha respetuosa y profunda de las palabras del otro;

e) La búsqueda del consenso más amplio posible, que surgirá a través de aquello que más hace arder los corazones (cf Lc 24,32), sin ocultar los conflictos y sin buscar compromisos que lo rebajen;

f) La formulación, por parte de quienes dirigen el proceso, del consenso alcanzado y su presentación a todos los participantes, para que puedan expresar si se reconocen o no en él.

A partir del discernimiento, madurará la decisión adecuada que compromete la adhesión de todos, incluso cuando la opinión de uno no haya sido aceptada, y un tiempo de recepción en la comunidad que podrá llevar a verificaciones y evaluaciones posteriores.

85. El discernimiento se realiza siempre en un contexto concreto, cuyas complejidades y peculiaridades es necesario conocer lo mejor posible. Para que el discernimiento sea efectivamente «eclesial», es necesario valerse de los medios necesarios, entre los que está una adecuada exégesis de los textos bíblicos que ayude a interpretarlos y comprenderlos, evitando enfoques parciales o fundamentalistas; el conocimiento de los Padres de la Iglesia, de la Tradición y de las enseñanzas magisteriales, según sus diversos grados de autoridad; las aportaciones de las diversas disciplinas teológicas; las contribuciones de las ciencias humanas, históricas, sociales y administrativas, sin las cuales no es posible conocer seriamente el contexto en el que y con vistas al que se realiza el discernimiento.

86. En la Iglesia existe una gran variedad de enfoques del discernimiento y de metodologías establecidas. Esta variedad es una riqueza: con las oportunas adaptaciones a los distintos contextos, la pluralidad de enfoques puede resultar fecunda. Con vistas a la misión común, es importante

que entablen un diálogo cordial, sin dispersar las especificidades de cada uno y sin atrincheramientos identitarios. En las Iglesias locales, a partir de las pequeñas comunidades eclesiales y de las parroquias, es esencial ofrecer oportunidades de formación que difundan y alimenten una cultura de discernimiento eclesial para la misión, particularmente en quienes tienen roles de responsabilidad. Igualmente importante es la formación de acompañantes o facilitadores, cuya contribución resulta a menudo crucial para llevar a cabo los procesos de discernimiento.

La articulación de los procesos de toma de decisiones

87. En la Iglesia sinodal «toda la comunidad, en la libre y rica diversidad de sus miembros, es convocada para orar, escuchar, analizar, dialogar, discernir y aconsejar para que se tomen las decisiones» (CTI, n. 68) para la misión. Fomentar la participación más amplia posible de todo el Pueblo de Dios en los procesos decisionales es la manera más eficaz de promover una Iglesia sinodal. Si es cierto, en efecto, que la sinodalidad define el modo de vivir y operar que califica a la Iglesia, indica al mismo tiempo una práctica esencial en el cumplimiento de su misión: discernir, alcanzar

el consenso, decidir mediante el ejercicio de las diferentes estructuras e instituciones de la sinodalidad.

88. La comunidad de los discípulos convocados y enviados por el Señor no es un sujeto uniforme y amorfo. Es su Cuerpo con muchos y diversos miembros, un sujeto histórico comunitario en el que acaece el Reino de Dios como «semilla y principio» al servicio de su venida en toda la familia humana. Ya los Padres de la Iglesia reflexionan sobre el carácter de comunión de la misión del Pueblo de Dios a través de un triple «nada sin» *(nihil sine):* «nada sin el obispo» (S. Ignacio de Antioquía, *Carta a los Tralianos*, 2,2), «nada sin vuestro consejo [de los presbíteros y diáconos] y sin el consentimiento del Pueblo» (S. Cipriano de Cartago, *Carta a los hermanos presbíteros y diáconos* 14,4). Cuando se rompe esta lógica del *nihil sine,* se oscurece la identidad de la Iglesia y se inhibe su misión.

89. Se sitúa en este marco de referencia eclesiológica el compromiso de promover la participación sobre la base de la corresponsabilidad diferenciada. Cada miembro de la comunidad debe ser respetado, valorando sus capacidades y dones con vistas a una decisión compartida. Se requieren formas más o menos articuladas de

mediación institucional, en función del tamaño de la comunidad. La legislación vigente ya prevé órganos de participación a distintos niveles, de los que se ocupará el *Documento* más adelante.

90. Para facilitar su funcionamiento, parece oportuno reflexionar sobre la articulación de los procesos decisionales. Esto suele incluir una fase de elaboración o instrucción «mediante un trabajo conjunto de discernimiento, consulta y cooperación» (CTI, n. 69), que informa y apoya la posterior toma de decisiones, que corresponde a la autoridad competente. Entre ambas fases no hay competencia ni contraposición, sino que por su articulación contribuyen a que las decisiones que se tomen sean fruto de la obediencia de todos a lo que Dios quiere para su Iglesia. Por ello, es necesario promover procedimientos que hagan efectiva la reciprocidad entre la asamblea y quienes la presiden, en un clima de apertura al Espíritu y confianza mutua, en busca de un consenso lo más unánime posible. El proceso debe prever también la fase de aplicación de la decisión y la de su evaluación, en las que las funciones de los sujetos implicados se articulan en nuevas modalidades.

91. Hay casos en los que la legislación vigente ya prescribe que la autoridad está obligada a con-

sultar antes de tomar una decisión. La autoridad pastoral tiene el deber de escuchar a quienes participan en la consulta y, por consiguiente, no puede actuar como si no los hubiera escuchado. No se apartará, por tanto, del fruto de la consulta, cuando esté de acuerdo, sin una razón que prevalezca y que debe ser convenientemente expresada (cf CIC, can. 127, § 2, 2°; CCEO can. 934, § 2, 3°). Como en toda comunidad que vive según la justicia, en la Iglesia el ejercicio de la autoridad no consiste en la imposición de una voluntad arbitraria. En las diversas formas en que se ejerce, está siempre al servicio de la comunión y de la acogida de la verdad de Cristo, en la cual y hacia la cual el Espíritu Santo nos guía en tiempos y contextos diversos (cf Jn 14,16).

92. En una Iglesia sinodal, la competencia del obispo, del Colegio episcopal y del Obispo de Roma en la toma de decisiones es irrenunciable, ya que hunde sus raíces en la estructura jerárquica de la Iglesia establecida por Cristo al servicio de la unidad y del respeto de la legítima diversidad (cf LG 13). Sin embargo, no es incondicional: no se puede ignorar una orientación que surge en el proceso consultivo como resultado de un correcto discernimiento, sobre todo si es llevado a cabo por los órganos de participación. Una oposición entre consulta

y deliberación es, por tanto, inadecuada: en la Iglesia, la deliberación tiene lugar con la ayuda de todos, nunca sin la autoridad pastoral, que decide en virtud de su oficio. Por eso, la fórmula recurrente en el Código de Derecho canónico (CIC), que habla de un «voto solo consultivo» (*tantum consultivum*), debe ser reexaminada para eliminar posibles ambigüedades. Parece oportuna una revisión de las normas canónicas en clave sinodal, que aclare tanto la distinción como la articulación entre consultivo y deliberativo, e ilumine las responsabilidades de quienes, según sus diversas funciones, participan en los procesos decisionales.

93. El cuidado de un desarrollo ordenado y una clara asunción de las responsabilidades de los participantes son factores cruciales para la fecundidad de los procesos decisionales, según las modalidades aquí previstas:

a) Incumbe en particular a la autoridad: definir claramente el objeto de la consulta y la deliberación, así como el sujeto responsable a quien compete la toma de la decisión; identificar a las personas que deben ser consultadas, también en razón de sus competencias específicas o de su implicación en el asunto a tratar; hacer que todos los participantes tengan acceso efectivo a la información pertinente, de modo que puedan formular su opinión razonadamente;

b) Quienes expresan su opinión en una consulta, individualmente o como miembros de un órgano colegiado, asumen la responsabilidad de: ofrecer una opinión sincera y honesta, en conciencia; respetar la confidencialidad de las informaciones recibidas; ofrecer una formulación clara de su opinión, identificando sus puntos principales, de modo que la autoridad, en caso de decidir de manera distinta a la opinión recibida, pueda explicar cómo la tuvo en cuenta en su deliberación;

c) Una vez que la autoridad competente ha formulado la decisión, habiendo respetado el proceso de consulta y expresado claramente las razones que la motivan, todos, en razón del vínculo de comunión que une a los bautizados, están obligados a respetarla y a ponerla en práctica, incluso cuando no corresponda al propio punto de vista, sin perjuicio del deber de participar honestamente también en la fase de evaluación. Siempre queda la posibilidad de apelar a una autoridad superior, en las formas establecidas por el derecho.

94. Una correcta y decidida puesta en práctica de procesos decisionales auténticamente sinodales contribuirá al progreso del Pueblo de Dios en una perspectiva participativa, en particular a través de las mediaciones institucionales previstas por el derecho canónico, especialmente los organismos de participación. Sin cambios concretos a corto plazo, la visión de una Iglesia sinodal no será creíble y esto alejará a los miembros del Pueblo de Dios que han sacado fuerza y esperanza del camino sinodal. Corresponde a las Iglesias locales encontrar modalidades adecuadas para poner en práctica estos cambios.

Transparencia, rendición de cuentas y evaluación

95. El proceso decisional no concluye con la toma de decisiones. Debe ir acompañada y seguida de prácticas de rendición de cuentas y evaluación, en un espíritu de transparencia inspirado en criterios evangélicos. La rendición de cuentas del propio ministerio a la comunidad pertenece a la tradición más antigua, que se remonta a la Iglesia apostólica. El capítulo 11 de los Hechos de los apóstoles nos ofrece un ejemplo de ello: cuando Pedro regresa a Jerusalén tras haber bautizado a Cornelio, un pagano, «los

creyentes circuncidados le increparon diciendo: "¡Has entrado en casa de hombres incircuncisos y has comido con ellos!"» (He 11,2-3). Pedro les responde explicando las razones de sus acciones.

96. En particular, con respecto a la transparencia, surgió la necesidad de iluminar su significado vinculándola a una serie de términos como verdad, lealtad, claridad, honradez, integridad, coherencia, rechazo de la opacidad, la hipocresía y la ambigüedad, y ausencia de segundas intenciones. Se hizo referencia a la bienaventuranza evangélica de los puros de corazón (Mt 5,8), al mandato de ser «sencillos como palomas» (Mt 10,16) y a las palabras del apóstol Pablo: «Hemos renunciado a la clandestinidad vergonzante, no actuando con intrigas ni falseando la palabra de Dios; sino que, manifestando la verdad, nos recomendamos a la conciencia de todo el mundo delante de Dios» (2Cor 4,2). Se hace referencia, por tanto, a una actitud subyacente, enraizada en la Escritura, más que a un conjunto de procedimientos o requisitos administrativos o de gestión. La transparencia, en su correcto sentido evangélico, no compromete el respeto a la intimidad y a la confidencialidad, la protección y el cuidado de las personas, de su dignidad y de sus derechos, incluso frente a pretensiones indebidas de la autoridad civil. Todo ello, sin

embargo, nunca puede justificar prácticas contrarias al Evangelio ni convertirse en pretexto para eludir o encubrir acciones del mal. En todo caso, por lo que se refiere al secreto confesional, «el sello sacramental es indispensable y ningún poder humano tiene jurisdicción sobre él, ni puede revocarlo» (PAPA FRANCISCO, *Discurso a los participantes en el XXX Curso sobre el Foro Interno organizado por la Penitenciaría Apostólica*, 29 de marzo de 2019).

97. La actitud de transparencia, en el sentido que acabamos de indicar, constituye un guardián de esa confianza y credibilidad de las que una Iglesia sinodal, atenta a las relaciones, no puede prescindir. Cuando se viola la confianza, son los más débiles y vulnerables quienes sufren las consecuencias. Allí donde la Iglesia goza de confianza, las prácticas de transparencia, rendición de cuentas y evaluación contribuyen a consolidarla, y son un elemento aún más crítico allí donde la credibilidad de la Iglesia debe ser reconstruida. Esto es especialmente importante en el cuidado y la protección de menores y de personas vulnerables *(safeguarding)*.

98. Estas prácticas contribuyen a asegurar la fidelidad de la Iglesia a su misión. Su ausencia es una de las consecuencias del clericalismo y, al

mismo tiempo, lo alimenta. Se basa en la suposición implícita de que los que tienen autoridad en la Iglesia no deben rendir cuentas de sus acciones y decisiones, como si estuvieran aislados o por encima del resto del Pueblo de Dios. La transparencia y la responsabilidad no solo deben exigirse cuando se trata de abusos sexuales, financieros y de otro tipo. También concierne al estilo de vida de los pastores, los planes pastorales, los métodos de evangelización y el modo en que la Iglesia respeta la dignidad de la persona humana, por ejemplo, en lo que respecta a las condiciones de trabajo dentro de sus instituciones.

99. Si la Iglesia sinodal quiere ser acogedora, la rendición de cuentas debe convertirse en una práctica habitual a todos los niveles. Sin embargo, quienes ocupan puestos de autoridad tienen una mayor responsabilidad a este respecto y están llamados a rendir cuentas a Dios y a su Pueblo. Si bien la práctica de rendir cuentas a los superiores se ha conservado a lo largo de los siglos, es preciso recuperar la dimensión de la rendición de cuentas que la autoridad está llamada a dar a la comunidad. Las instituciones y procedimientos consolidados en la experiencia de la vida consagrada (como los capítulos, las visitas canónicas, etc.), pueden ser fuente de inspiración en este sentido.

100. Igualmente necesarias son las estructuras y formas de evaluación periódica del modo en que se ejercen las responsabilidades ministeriales de todo tipo. La evaluación no constituye un juicio sobre las personas, sino que permite poner de relieve los aspectos positivos y las áreas de posible mejora en la actuación de quienes tienen responsabilidades ministeriales, y ayuda a la Iglesia a aprender de la experiencia, a recalibrar los planes de acción y a permanecer atenta a la voz del Espíritu Santo, centrando la atención en los resultados de las decisiones en relación con la misión.

101. Además de observar lo ya previsto por las normas canónicas sobre los criterios y mecanismos de control, corresponde a las Iglesias locales, y sobre todo a sus agrupaciones, construir sinodalmente formas y procedimientos eficaces de rendición de cuentas y de evaluación, adecuados a la variedad de contextos, a partir del marco normativo civil, de las legítimas expectativas de la sociedad y de la disponibilidad efectiva de competencias en la materia. En este trabajo, es necesario privilegiar las metodologías de evaluación participativa, potenciar las competencias de quienes, especialmente los laicos, están más familiarizados con los procesos de rendición de cuentas y evaluación, y discernir las buenas

prácticas ya presentes en la sociedad civil local, adaptándolas a los contextos eclesiales. El modo en que se aplican los procesos de rendición de cuentas y evaluación a nivel local forman parte del informe presentado durante las visitas *ad limina*.

102. En particular, en formas adecuadas a los distintos contextos, parece necesario garantizar como mínimo:

a) Un funcionamiento eficaz de los consejos de asuntos económicos;

b) La implicación efectiva del Pueblo de Dios, especialmente de los miembros más competentes, en la planificación pastoral y económica;

c) La preparación y publicación (adecuada al contexto local y con accesibilidad efectiva) de un informe de rendición de cuentas económico anual, certificado en la medida de lo posible por auditores externos, que haga transparente la gestión de los bienes y de los recursos financieros de la Iglesia y de sus instituciones;

d) La elaboración y publicación de un informe de rendición de cuentas anual sobre el desempeño de la misión, que incluya una ilustración de las iniciativas emprendidas en el ámbito de la *salvaguardia (safeguarding:* protección y cuidado de menores y de personas vulnerables) y la promoción del acceso de los laicos a puestos de autoridad y su participación en los procesos decisionales, especificando la proporción en relación con el género;

e) Procedimientos para la evaluación periódica del desempeño de todos los ministerios y tareas dentro de la Iglesia.

Tenemos que darnos cuenta de que no se trata de un empeño burocrático en sí mismo, sino de un esfuerzo comunicativo que se revela como una poderosa herramienta educativa para cambiar la cultura, además de permitirnos dar mayor visibilidad a muchas iniciativas valiosas de la Iglesia y sus instituciones, que con demasiada frecuencia permanecen ocultas.

Sinodalidad y organismos de participación

103. La participación de los bautizados en los procesos decisionales, así como las prácticas de rendición de cuentas y de evaluación, se desarrollan a través de mediaciones institucionales, en primer lugar, los órganos de partici-

pación que, a nivel de la Iglesia local, ya prevé el Derecho canónico. En la Iglesia latina son: sínodo diocesano (cf CIC, can. 466), consejo presbiteral (cf CIC, can. 500, § 2), consejo pastoral diocesano (cf CIC, can. 514, § 1), consejo pastoral parroquial (cf CIC, can. 536), consejo diocesano y parroquial para los asuntos económicos (cf CIC, cann. 493 y 537). En las Iglesias católicas orientales son: asamblea eparquial (cf CCEO, cann. 235ss.), consejo eparquial para asuntos económicos (cf CCEO, cann. 262ss.), consejo presbiteral (cf CCEO can. 264), consejo pastoral eparquial (cf CCEO cann. 272ss.), consejos parroquiales (cf CCEO can. 295). Los miembros lo son en función de su rol eclesial, según sus responsabilidades diferenciadas en las distintas capacidades (carismas, ministerios, experiencia o competencia, etc.). Cada uno de estos organismos participa en el discernimiento necesario para el anuncio inculturado del Evangelio, la misión de la comunidad en su propio ambiente y el testimonio de los bautizados que la componen. También les competen los procesos decisionales en las formas establecidas y constituyen un ámbito para la rendición de cuentas y la evaluación, ya que a su vez deben evaluar y rendir cuentas de su labor. Los organismos de participación constituyen uno de los ámbitos de actuación más prometedores para una rápida aplicación de las orientaciones sinodales que conduzca a cambios perceptibles a corto plazo.

104. Una Iglesia sinodal se basa en la existencia, eficiencia y vitalidad efectiva, y no meramente nominal, de estos órganos de participación, así como en su funcionamiento conforme a las disposiciones canónicas o a la costumbre legítima, y en el cumplimiento de los estatutos y reglamentos que los rigen. Por esta razón, deberían ser obligatorios, como se requiere en todas las etapas del proceso sinodal, y poder desempeñar plenamente su papel, no de manera puramente formal, sino de forma adecuada a los diferentes contextos locales.

105. En esta misma línea, resulta oportuno intervenir en el funcionamiento de estos organismos, empezando por la adopción de una metodología de trabajo sinodal. La conversación en el Espíritu, con las adaptaciones oportunas, puede ser un punto de referencia. Debe prestarse especial atención al modo de designación de los miembros. Cuando no esté prevista la elección, deberá realizarse una consulta sinodal que exprese lo más posible la realidad de la comunidad o de la Iglesia local, y la autoridad deberá hacer el nombramiento en función de sus resultados,

respetando la articulación entre consulta y deliberación descrita anteriormente. También debe preverse que los miembros de los consejos pastorales diocesanos y parroquiales tengan la facultad de proponer temas para su inclusión en el orden del día, de forma análoga a lo que sucede con los miembros del consejo presbiteral.

106. La misma atención debe prestarse a la composición de los órganos de participación, de modo que se favorezca una mayor implicación de las mujeres, de los jóvenes y de quienes viven en condiciones de pobreza o marginación. Además, es esencial que estos órganos incluyan a personas bautizadas comprometidas con el testimonio de la fe en las realidades ordinarias de la vida y en las dinámicas sociales, con una reconocida disposición apostólica y misionera, y no solo a personas dedicadas a organizar la vida y los servicios dentro de la comunidad. De este modo, el discernimiento eclesial se beneficiará de una mayor apertura, capacidad de análisis de la realidad y pluralidad de perspectivas. En función de las necesidades de los distintos contextos, puede ser oportuno prever la participación de representantes de otras Iglesias y Comuniones cristianas, a semejanza de lo que ocurre en la Asamblea sinodal, o de representantes de otras religiones presentes en el territorio. Las Iglesias

locales y sus agrupaciones pueden indicar más fácilmente algunos criterios para la composición de los organismos de participación adecuados a cada contexto.

107. La Asamblea prestó especial atención a las experiencias de reforma y a las buenas prácticas ya existentes, como la creación de redes de consejos pastorales a nivel de comunidades de base, parroquias y zonas, hasta llegar al consejo pastoral diocesano. Como modelo de consulta y de escucha, se propone también que se celebren con cierta regularidad asambleas eclesiales a todos los niveles, procurando no limitar la consulta dentro de la Iglesia católica, sino abriéndose a escuchar la aportación de las demás Iglesias y Comuniones cristianas, y permaneciendo atentos a las otras religiones presentes en el territorio.

108. La Asamblea propone que se valoricen más el sínodo diocesano y la asamblea eparquial como instancias para una consulta periódica por parte del obispo de la porción del Pueblo de Dios que le ha sido confiada, como lugar de escucha, oración y discernimiento, especialmente cuando se trata de opciones relevantes para la vida y la misión de una Iglesia local. El sínodo diocesano puede ser también un foro de rendición de cuentas y de evaluación: ante él, el obispo

presenta una relación de la actividad pastoral en los diversos sectores, de la aplicación del plan pastoral, de la acogida de los procesos sinodales de toda la Iglesia, de las iniciativas en materia de *safeguarding* (protección y cuidado de menores y de personas vulnerables), así como de la administración de las finanzas y de los bienes temporales. Por tanto, es necesario reforzar las disposiciones canónicas en la materia para reflejar mejor el carácter sinodal misionero de cada Iglesia local, previendo que los sínodos diocesanos y las asambleas eparquiales se reúnan con una periodicidad regular. Lo más frecuente posible.

Parte IV

Una pesca abundante

La conversión de los vínculos

Los demás discípulos se acercaron en la barca, porque no distaban de tierra más que unos doscientos codos, remolcando la red con los peces [...]. Simón Pedro subió a la barca y arrastró hasta la orilla la red repleta de peces grandes: ciento cincuenta y tres. Y aunque eran tantos, no se rompió la red (Jn 21,8.11).

109. Las redes echadas por la palabra del Resucitado permiten una pesca abundante. Todos colaboran en el arrastre de la red, Pedro tiene un rol especial. En el Evangelio, la pesca es una acción realizada en común: cada uno tiene una tarea precisa, distinta pero coordinada con la de los demás. Así es la Iglesia sinodal, hecha de vínculos que unen en la comunión y de espacios para la variedad de pueblos y culturas. En un momento en el que cambia la experiencia de los lugares donde la Iglesia está arraigada y peregrina, es necesario cultivar en formas nuevas el intercambio de dones y el entrelazamiento de los vínculos que nos unen, sostenidos por el

ministerio de los obispos en comunión entre sí y con el Obispo de Roma.

Arraigado y peregrino

110. El anuncio del Evangelio, suscitando la fe en el corazón de los hombres y las mujeres, lleva a la fundación de una Iglesia en un lugar particular. La Iglesia no puede entenderse sin estar enraizada en un territorio concreto, en un espacio y en un tiempo donde se forma una experiencia compartida de encuentro con Dios que salva. La dimensión local de la Iglesia conserva la rica diversidad de las expresiones de fe arraigadas en contextos culturales e históricos específicos, y la comunión de las Iglesias manifiesta la comunión de los fieles dentro de la única Iglesia. De este modo, la conversión sinodal invita a cada persona a ampliar el espacio del propio corazón, el primer «lugar» donde resuenan todas nuestras relaciones, enraizadas en la relación personal de cada uno con Cristo Jesús y su Iglesia. Esta es la fuente y la condición de toda reforma en clave sinodal de los vínculos de pertenencia y de los lugares eclesiales. La acción pastoral no puede limitarse a cuidar las relaciones entre personas que se sienten en sintonía entre ellas, sino que debe favorecer el encuentro con cada hombre y cada mujer.

111. La experiencia del enraizamiento debe hacer frente a profundos cambios socioculturales que están modificando la percepción de los lugares. El concepto de lugar ya no puede ser entendido en términos puramente geográficos y espaciales, sino que en nuestra época evoca la pertenencia a una red de relaciones y a una cultura cuyas raíces territoriales son más dinámicas y flexibles que nunca. La urbanización es uno de los principales factores de este cambio: hoy, por primera vez en la historia de la humanidad, la mayoría de la población mundial vive en contextos urbanos. Las grandes ciudades son a menudo aglomeraciones humanas sin historia ni identidad, en las que las personas viven como islas. Los vínculos territoriales tradicionales cambian de significado, haciendo que los límites de las parroquias y de las diócesis estén menos definidos. La Iglesia está llamada a vivir en estos contextos, reconstruyendo la vida comunitaria, dando rostro a realidades anónimas y tejiendo relaciones fraternas. Para ello, además de aprovechar al máximo las estructuras todavía adecuadas, se requiere una creatividad misionera que explore nuevas formas de pastoral e identifique caminos concretos de atención. Sin embargo, también es cierto que las realidades rurales, algunas de las cuales son verdaderas periferias existenciales, no deben descuidarse y requieren una atención

pastoral específica, al igual que los lugares de marginación y exclusión.

112. Nuestra época también se caracteriza por el aumento de la movilidad humana, motivada por diversas razones. Los refugiados y los migrantes forman a menudo comunidades dinámicas, incluso en sus prácticas religiosas, haciendo que el lugar donde se instalan sea multicultural. Algunos de ellos mantienen estrechos lazos con sus países de origen, sobre todo gracias a los medios digitales, y experimentan dificultades para tejer vínculos en el nuevo país; otros permanecen desarraigados. Los habitantes de los lugares de inmigración también se ven interpelados por la acogida de los que llegan. Todos experimentan el impacto causado por el encuentro con la diversidad de orígenes geográficos, culturales y lingüísticos, y están llamados a construir comunidades interculturales. No debe pasarse por alto el impacto de los fenómenos migratorios en la vida de las Iglesias. Es emblemática, en este sentido, la situación de algunas Iglesias católicas orientales, debido al creciente número de fieles en la diáspora; se requieren nuevos enfoques para que se mantengan los vínculos con su Iglesia de origen y se creen otros nuevos, respetando las diferentes raíces espirituales y culturales.

113. La difusión de la cultura digital, especialmente evidente entre los jóvenes, también está cambiando profundamente la percepción del espacio y del tiempo, influyendo en las actividades cotidianas, las comunicaciones y las relaciones interpersonales, incluida la fe. Las posibilidades que ofrece la red reconfiguran las relaciones, los vínculos y las fronteras. Aunque hoy estamos más conectados que nunca, a menudo experimentamos soledad y marginación. Además, *las redes sociales* pueden ser utilizadas por quienes tienen intereses económicos y políticos que, manipulando a las personas, difunden ideologías y generan polarizaciones agresivas. Esta realidad nos encuentra desprevenidos y requiere la decisión de dedicar recursos para que el entorno digital sea un lugar profético para la misión y el anuncio. Las iglesias locales deben animar, apoyar y acompañar a quienes se dedican a la misión en el entorno digital. Las comunidades y grupos digitales de inspiración cristiana, especialmente de jóvenes, también están llamados a reflexionar sobre el modo como crean vínculos de pertenencia, a promover el encuentro y el diálogo, a ofrecer formación entre iguales y desarrollar un modo sinodal de ser Iglesia. La red, constituida por conexiones, ofrece nuevas oportunidades para vivir mejor la dimensión sinodal de la Iglesia.

114. Esta evolución social y cultural exige que la Iglesia se interrogue sobre el significado de su dimensión «local» y cuestione sus formas organizativas para servir mejor a su misión. Sin dejar de reconocer el valor de la presencia en contextos geográficos y culturales concretos, es esencial entender el «lugar» como la realidad histórica en la que toma forma la experiencia humana. Es allí, en la trama de relaciones que se establecen, donde la Iglesia está llamada a expresar su sacramentalidad (cf LG 1) y a realizar su misión.

115. La relación entre lugar y espacio sugiere también una reflexión sobre la Iglesia como «casa». Cuando no se entiende como un espacio cerrado, inaccesible, que hay que defender a toda costa, la imagen de la casa evoca posibilidades de acogida, hospitalidad e inclusión. La creación misma es una casa común, en la que los miembros de la única familia humana viven con todas las demás criaturas. Nuestro compromiso, sostenido por el Espíritu, es asegurar que la Iglesia sea percibida como una casa acogedora, un sacramento de encuentro y de salvación, como una escuela de comunión para todos los hijos e hijas de Dios. La Iglesia es también Pueblo de Dios en camino con Cristo, en el que cada uno está llamado a ser peregrino de esperanza. La práctica tradicional de las peregrinaciones es un

signo de ello. También la piedad popular es uno de los lugares de una Iglesia sinodal misionera.

116. La Iglesia local, entendida como diócesis o eparquía, es el ámbito fundamental en el que se manifiesta de modo más pleno la comunión en Cristo de todos los bautizados. En ella se reúne la comunidad en la celebración de la Eucaristía presidida por el obispo. Cada Iglesia local se articula en sí misma y, al mismo tiempo, está en relación con las demás Iglesias locales.

117. Una de las principales articulaciones de la Iglesia local que nos ha legado la historia es la parroquia. La comunidad parroquial, que se reúne en la celebración de la Eucaristía, es un lugar privilegiado de relaciones, acogida, discernimiento y misión. Los cambios en la concepción y en la forma de vivir la relación con el territorio obligan a reconsiderar su configuración. Lo que la caracteriza es ser una propuesta comunitaria sobre una base no electiva. Reúne a personas de diferentes generaciones, profesiones, orígenes geográficos, clases sociales y condiciones de vida. Para responder a las nuevas exigencias de la misión, está llamada a abrirse a formas inéditas de acción pastoral que tengan en cuenta la movilidad de las personas y el «territorio existencial» en el que se desarrolla su vida. Promoviendo

de manera particular la iniciación cristiana y ofreciendo acompañamiento y formación, podrá apoyar a las personas en las diferentes etapas de la vida y en el cumplimiento de su misión en el mundo. De este modo, quedará más claro que la parroquia no está centrada en sí misma, sino orientada a la misión y llamada a apoyar el compromiso de tantas personas que, de diferentes maneras, viven y dan testimonio de su fe en su profesión y en las actividades sociales, culturales y políticas. En muchas regiones del mundo, las pequeñas comunidades cristianas o comunidades eclesiales de base son el terreno en el que pueden florecer intensas relaciones de proximidad y reciprocidad, ofreciendo la oportunidad de vivir concretamente la sinodalidad.

118. Reconocemos la capacidad de los institutos de vida consagrada, de las sociedades de vida apostólica, así como de las asociaciones, movimientos y nuevas comunidades, de arraigarse en el territorio y, al mismo tiempo, de conectar lugares y ámbitos diversos, incluso a nivel nacional o internacional. A menudo es su acción, junto con la de tantas personas individuales y grupos informales, la que lleva el Evangelio a los lugares más diversos: hospitales, cárceles, residencias de ancianos, centros de acogida para emigrantes, menores, marginados y víctimas de la violencia;

lugares de educación y formación, escuelas y universidades, donde se encuentran jóvenes y familias; lugares de la cultura, la política y el desarrollo humano integral, donde se imaginan y construyen nuevas formas de convivencia. También miramos con gratitud a los monasterios, lugares de convocatoria y discernimiento, profecía de un «más allá», que concierne a toda la Iglesia y guía el camino. Es responsabilidad específica del obispo diocesano o eparquial animar esta multiplicidad y cuidar los lazos de unidad. Los institutos y agregaciones (asociaciones, movimientos y nuevas comunidades) están llamados a actuar en sinergia con la Iglesia local, participando en el dinamismo de la sinodalidad.

119. La valorización de los lugares «intermedios» entre la Iglesia local y la Iglesia toda –como la provincia eclesiástica y las agrupaciones de Iglesias de ámbito nacional o continental– puede favorecer también una presencia más significativa de la Iglesia en los lugares de nuestro tiempo. La creciente movilidad y las interconexiones actuales hacen que las fronteras entre las Iglesias sean fluidas y exigen a menudo pensar y actuar dentro de un «vasto territorio sociocultural», en el que, excluyendo cualquier forma de «falso particularismo, la vida cristiana se acomodará al carácter y la idiosincrasia de cada cultura» (AG 22).

Intercambio de dones

120. Caminar juntos en los diferentes lugares como discípulos de Jesús en la diversidad de carismas y ministerios, así como en el intercambio de dones entre las Iglesias, es un signo eficaz de la presencia del amor y de la misericordia de Dios en Cristo que acompaña, sostiene y orienta con el soplo del Espíritu Santo el camino de la humanidad hacia el Reino. El intercambio de dones implica todas las dimensiones de la vida de la Iglesia. Constituida en Cristo como Pueblo de Dios por todos los pueblos de la tierra y articulada dinámicamente en la comunión de las Iglesias locales, de sus agrupaciones, de las Iglesias *sui iuris* en el seno de la Iglesia una y católica, vive su misión favoreciendo y acogiendo «todas las riquezas, recursos y formas de vida de los pueblos, en lo que tienen de bueno, y al acogerlos los purifica, consolida y eleva» (LG 13). La exhortación del apóstol Pedro –«como buenos administradores de la multiforme gracia de Dios, ponga cada uno al servicio de los demás el don que ha recibido» (1Pe 4,10)– puede aplicarse ciertamente a cada Iglesia local. Un ejemplo paradigmático e inspirador de este intercambio de dones, que debe vivirse y revisarse hoy con particular atención debido a las cambiantes y apremiantes circunstancias históricas, es el que

se da entre las Iglesias de tradición latina y las Iglesias católicas orientales. Un horizonte significativo de novedad y esperanza en el que se pueden realizar formas de intercambio de dones, de búsqueda del bien común y de compromiso coordinado en cuestiones sociales de relevancia global es el que se está configurando, por ejemplo, en grandes áreas geográficas supranacionales e interculturales como la Amazonia, la cuenca del río Congo y el mar Mediterráneo.

121. La Iglesia, a nivel local y en su unidad católica, se propone como una red de relaciones a través de la cual circula y se promueve la profecía de la cultura del encuentro, de la justicia social, de la inclusión de los grupos marginados, de la fraternidad entre los pueblos, del cuidado de la casa común. El ejercicio concreto de esta profecía exige que los bienes de cada Iglesia sean compartidos con espíritu de solidaridad, sin paternalismos ni asistencialismos, respetando las diferentes identidades y promoviendo una sana reciprocidad, con el compromiso –cuando sea necesario– de curar las heridas de la memoria y de emprender caminos de reconciliación. El intercambio de dones y la puesta en común de recursos entre Iglesias locales de diferentes regiones fomentan la unidad de la Iglesia, creando vínculos entre las comunidades cristianas impli-

cadas. Es preciso centrarse sobre las condiciones que garanticen que los presbíteros que van a ayudar a las Iglesias pobres en clero no se conviertan solo en un remedio funcional, sino que sean un recurso de crecimiento para la Iglesia que los envía y para aquella que los recibe. De igual modo, hay que procurar que las ayudas económicas no degeneren en asistencialismo, sino que promuevan la auténtica solidaridad evangélica y sean gestionadas de manera transparente y confiable.

122.   El intercambio de dones tiene también un significado crucial en el camino hacia la unidad plena y visible entre todas las Iglesias y Comuniones cristianas y, además, es un signo eficaz de esa unidad, en la fe y el amor de Cristo, que favorece la credibilidad y el impacto de la misión cristiana (cf Jn 17,21). San Juan Pablo II aplicó esta expresión al diálogo ecuménico: «El diálogo no es solo un intercambio de ideas. Siempre es de todos modos un "intercambio de dones"» (UUS 28). Ha sido en el compromiso de encarnar el único Evangelio en la diversidad de contextos culturales, circunstancias históricas y desafíos sociales donde las distintas tradiciones cristianas, a la escucha de la Palabra de Dios y de la voz del Espíritu Santo, han generado a lo largo de los siglos copiosos frutos de santidad,

caridad, espiritualidad, teología y solidaridad a nivel social y cultural. Ha llegado el momento de valorar y tener muy en cuenta estas preciosas riquezas con generosidad, con sinceridad, sin prejuicios, con gratitud al Señor, con apertura recíproca, haciéndonos don los unos a los otros sin asumir que son propiedad exclusiva nuestra. El ejemplo de los santos y testigos de la fe de otras Iglesias y Comuniones cristianas es también un don que podemos recibir, incluyendo su memoria en nuestro calendario litúrgico, especialmente la de los mártires.

123. En el *Documento sobre la fraternidad humana por la paz mundial y la convivencia común*, firmado por el Papa Francisco y el Gran Imán de Al-Azhar Ahmed Al-Tayyeb en Abu Dabi el 4 de febrero de 2019, se declara la voluntad de «asumir la cultura del diálogo como camino; la colaboración común como conducta; el conocimiento recíproco como método y criterio». No se trata de una aspiración anhelada ni de un aspecto opcional en el camino del Pueblo de Dios en el hoy de la historia. En este camino, una Iglesia sinodal se compromete a caminar, en los diferentes lugares donde vive, con creyentes de otras religiones y con personas de otras convicciones, compartiendo gratuitamente la alegría del Evangelio y acogiendo con gratitud sus respectivos

dones, para construir juntos, como hermanos y hermanas todos, en un espíritu de intercambio y ayuda mutua (cf GS 40), la justicia, la fraternidad, la paz y el diálogo interreligioso. En algunas regiones, las pequeñas comunidades de barrio, donde se reúnen las personas independientemente de su pertenencia religiosa, ofrecen un ambiente propicio para un triple diálogo: de vida, de acción y de oración.

Vínculos para la unidad: Conferencias Episcopales y Asambleas eclesiales

124. El horizonte de comunión en el intercambio de dones es el criterio inspirador de las relaciones entre las Iglesias. Combina la atención a los vínculos que forman la unidad de toda la Iglesia con el reconocimiento y la valoración de las particularidades ligadas al contexto en el que vive cada Iglesia local, con su historia y su tradición. Adoptar un estilo sinodal permite a las Iglesias moverse a ritmos diferentes. Las diferencias de ritmo pueden valorarse como expresión de una diversidad legítima y como una oportunidad para intercambiar dones y enriquecerse mutuamente. Este horizonte común requiere discernir, identificar y promover estructuras y prácticas concretas para ser una Iglesia sinodal en misión.

125. Las Conferencias Episcopales expresan y ponen en práctica la colegialidad de los obispos para favorecer la comunión entre las Iglesias y responder más eficazmente a las necesidades de la vida pastoral. Son un instrumento fundamental para crear vínculos, compartir experiencias y buenas prácticas entre las Iglesias, adaptando la vida cristiana y la expresión de la fe a las diferentes culturas. También desempeñan un papel importante en el desarrollo de la sinodalidad, con la participación de todo el Pueblo de Dios. Sobre la base de lo que surgió durante el proceso sinodal, se propone:

a) Recoger los frutos de la reflexión sobre el estatuto teológico y jurídico de las Conferencias Episcopales;

b) Precisar el ámbito de la competencia doctrinal y disciplinar de las Conferencias Episcopales. Sin comprometer la autoridad del obispo en la Iglesia que le ha sido confiada, ni poner en peligro la unidad y la catolicidad de la Iglesia, el ejercicio colegial de esta competencia puede favorecer la auténtica enseñanza de la única fe de manera adecuada e inculturada en los diversos contextos, identificando las expresiones litúrgicas, catequéticas, disciplinares, pastorales, teológicas y espirituales apropiadas (cf AG 22);

c) Realizar una evaluación de la experiencia del funcionamiento efectivo de las Conferencias Episcopales, de las relaciones entre los episcopados y con la Santa Sede, con el fin de identificar las reformas concretas a realizar. Las visitas *ad limina apostolorum* podrían ser una ocasión propicia para dicha evaluación;

d) Garantizar que todas las diócesis formen parte de una provincia eclesiástica y de una Conferencia Episcopal (cf CD 40);

e) Precisar el vínculo eclesial que las decisiones tomadas por una Conferencia Episcopal generan, respecto a su propia diócesis, para cada obispo que haya participado en esas mismas decisiones.

126. En el proceso sinodal, las siete Asambleas eclesiales continentales, celebradas a comienzos de 2023, representaron una novedad significativa y son un legado que hay que valorar como una forma eficaz de poner en práctica la enseñanza del Concilio sobre el valor de «cada gran territorio sociocultural» en la búsqueda de «una acomodación más profunda en todo el ámbito de la vida cristiana» (AG 22). Su estatuto teológico y canónico, así como el de las agrupaciones continentales de Conferencias Episcopales, deberá clarificarse mejor para poder explotar

su potencial para el ulterior desarrollo de una Iglesia sinodal. Corresponde especialmente a los presidentes de las agrupaciones continentales de Conferencias Episcopales alentar y apoyar la prosecución de esta experiencia.

127. En las Asambleas eclesiales (regionales, nacionales, continentales) los miembros, que expresan y representan la variedad del Pueblo de Dios (incluidos los obispos), participan en el discernimiento que permitirá a los obispos, colegialmente, tomar las decisiones a las que están obligados en virtud del ministerio que les ha sido confiado. Esta experiencia muestra cómo la sinodalidad permite articular concretamente la implicación de todos (el Pueblo santo de Dios) y el ministerio de algunos (el Colegio episcopal) en el proceso de toma de decisiones sobre la misión de la Iglesia. Se propone que el discernimiento pueda incluir, en formas adaptadas a la diversidad de los contextos, espacios de escucha y diálogo con los otros cristianos, representantes de otras religiones, instituciones públicas, organizaciones de la sociedad civil y la sociedad en general.

128. A causa de particulares situaciones sociales y políticas, algunas Conferencias Episcopales tienen dificultades para participar en asambleas

continentales o en organismos eclesiales supranacionales. Estará a cargo de la Santa Sede el ayudar a estas Conferencias Episcopales promoviendo el diálogo y la confianza recíproca con los Estados, para que se les dé la posibilidad de entrar en relación con otras Conferencias Episcopales, con vistas al intercambio de dones.

129. Para lograr una «saludable "descentralización"» (EG 16) y una efectiva inculturación de la fe, es necesario no solo reconocer el papel de las Conferencias Episcopales, sino también revalorizar la institución de los Concilios particulares, tanto provinciales como plenarios, cuya celebración periódica ha sido una obligación durante gran parte de la historia de la Iglesia y que están previstos por el derecho vigente en el ordenamiento latino (cf CIC cann. 439-446). Deberían convocarse periódicamente. El procedimiento de reconocimiento de las conclusiones de los Concilios particulares por parte de la Santa Sede (*recognitio*) debería ser reformado, para favorecer su publicación oportuna, indicando plazos precisos o, en el caso de cuestiones puramente pastorales o disciplinares (que no se refieran directamente a cuestiones de fe, moral o disciplina sacramental), introduciendo una presunción jurídica, equivalente al consentimiento tácito.

El servicio del Obispo de Roma

130. El proceso sinodal ha ayudado también a revisar los modos de ejercicio del ministerio del Obispo de Roma a la luz de la sinodalidad. En efecto, la sinodalidad articula de manera sinfónica las dimensiones comunitaria («todos»), colegial («algunos») y personal («uno») de cada Iglesia local y de toda la Iglesia. En esta perspectiva, el ministerio petrino es inherente a la dinámica sinodal, así como la dimensión comunitaria, que incluye a todo el Pueblo de Dios, y aquella colegial del ministerio episcopal (cf CTI, n. 64).

131. Se comprende así el alcance de la afirmación conciliar según la cual «dentro de la comunión eclesiástica existen legítimamente Iglesias particulares, que gozan de tradiciones propias, permaneciendo inmutable el primado de la cátedra de Pedro, que preside la asamblea universal de la caridad, protege las diferencias legítimas y simultáneamente vela para que las divergencias sirvan a la unidad en vez de dañarla» (LG 13). El Obispo de Roma, principio y fundamento de la unidad de la Iglesia (LG 23), es el garante de la sinodalidad: a él corresponde convocar a la Iglesia en Sínodo, presidirlo y confirmar sus resultados. Como Sucesor de Pedro, tiene un papel único en la salvaguardia del depósito de la

fe y de las costumbres, asegurando que los procesos sinodales sean fructíferos para la unidad y el testimonio. Junto con el Obispo de Roma, el Colegio episcopal tiene un papel insustituible en apacentar la Iglesia toda (cf LG 22-23) y en promover la sinodalidad en todas las Iglesias locales.

132. Como garante de la unidad en la diversidad, el Obispo de Roma vela por la salvaguardia de la identidad de las Iglesias católicas orientales, en el respeto de sus antiguas tradiciones teológicas, canónicas, litúrgicas, espirituales y pastorales. Estas Iglesias están dotadas de sus propias estructuras sinodales deliberativas: Sínodo de los obispos de las Iglesias patriarcales y arquidiocesanas mayores (cf CCEO cann. 102ss., 152), Concilio provincial (cf CCEO can. 137), Consejo de Jerarcas (cf CCEO cann. 155, § 1, 164ss.) y, finalmente, Asambleas de Jerarcas de diversas Iglesias *sui iuris* (cf CCEO can. 322). Como Iglesias *sui iuris* en plena comunión con el Obispo de Roma, conservan su identidad oriental y su autonomía. En el marco de la sinodalidad, es oportuno revisar juntos la historia para curar las heridas del pasado y profundizar nuevos modos de vivir la comunión que produzcan un cambio en las relaciones entre las Iglesias católicas orientales y la Curia Romana. Las relaciones entre la Iglesia latina y las Igle-

sias católicas orientales deben caracterizarse por el intercambio de dones, la colaboración y el enriquecimiento recíproco.

133. Para incrementar estas relaciones, la Asamblea sinodal propone instituir un Consejo de Patriarcas, Arzobispos Mayores y Metropolitas de las Iglesias católicas orientales, presidido por el Papa, que sea expresión de la sinodalidad e instrumento para promover la comunión y la puesta en común del patrimonio litúrgico, teológico, canónico y espiritual. El éxodo de muchos fieles orientales a regiones de rito latino corre el riesgo de comprometer su identidad. Para hacer frente a esta situación, deben desarrollarse instrumentos y normas que refuercen al máximo la colaboración entre la Iglesia latina y las Iglesias católicas orientales. La Asamblea sinodal recomienda un diálogo sincero y una colaboración fraterna entre los obispos latinos y orientales, para asegurar una mejor atención pastoral a los fieles orientales que carecen de presbíteros del propio rito y para garantizar, con la debida autonomía, la participación de los obispos orientales en las Conferencias Episcopales. Por último, propone al Santo Padre que convoque un Sínodo especial para promover la consolidación y el renacimiento de las Iglesias católicas orientales.

134. La reflexión sobre el ejercicio del ministerio petrino en clave sinodal debe realizarse en la perspectiva de la «saludable "descentralización"» (EG 16), pedida con insistencia por el Papa Francisco y solicitada por muchas Conferencias Episcopales. En la formulación dada por la constitución apostólica *Praedicate Evangelium*, esta supone «dejar a la competencia de los pastores la facultad de resolver en el ejercicio de "su propia competencia de maestros" y pastores las cuestiones que conocen bien y que no afectan a la unidad de doctrina, disciplina y comunión de la Iglesia, actuando siempre con esa corresponsabilidad que es fruto y expresión de ese *mysterium communionis* específico que es la Iglesia» (PE II, 2). Para proceder en esta dirección, se podría identificar mediante un estudio teológico y canónico qué materias deben reservarse al Papa *(reservatio papalis)* y cuáles deben ser restituidas a los obispos en sus Iglesias o agrupaciones de Iglesias, en línea con el reciente motu proprio *Competentias quasdam decernere* (15 de febrero de 2022). De hecho, «asignar algunas competencias, sobre disposiciones del Código destinadas a garantizar la unidad de la disciplina de la Iglesia universal, a la potestad ejecutiva de las Iglesias y de las instituciones eclesiales locales, corresponde a la dinámica eclesial de la comunión» (Proemio). La elaboración de la legislación canónica

por parte de quienes tienen la tarea y la autoridad debería tener un estilo sinodal y madurar como fruto de un discernimiento eclesial.

135. La constitución apostólica *Praedicate Evangelium* ha configurado el servicio de la Curia Romana en sentido sinodal y misionero, insistiendo en que «no se sitúa entre el Papa y los obispos, sino que se pone al servicio de ambos en la forma que conviene a la naturaleza de cada uno» (PE I, 8). Su aplicación debe promover una mayor colaboración entre los Dicasterios y favorecer la escucha de las Iglesias locales. Antes de publicar documentos normativos importantes, se exhorta a los Dicasterios a iniciar una consulta con las Conferencias Episcopales y con los organismos correspondientes de las Iglesias católicas orientales. En la lógica de la transparencia y de la rendición de cuentas, esbozada con anterioridad, podrían preverse formas de evaluación periódica del trabajo de la Curia. Dicha evaluación, en una perspectiva sinodal misionera, podría concernir también a los representantes pontificios. Las visitas *ad limina apostolorum* son el momento culminante de las relaciones de los pastores de las Iglesias locales con el Obispo de Roma y sus más estrechos colaboradores de la Curia Romana. Muchos obispos desearían que se revisara la forma en que se realizan, para que sean cada

vez más ocasiones de intercambio abierto y de escucha recíproca. Es importante para el bien de la Iglesia favorecer el conocimiento mutuo y los lazos de comunión entre los miembros del Colegio cardenalicio, teniendo en cuenta también su diversidad de origen y de cultura. La sinodalidad debe inspirar su colaboración al ministerio petrino y su discernimiento colegial en los Consistorios ordinarios y extraordinarios.

136. Entre los lugares para practicar la sinodalidad y la colegialidad a nivel de la Iglesia toda, destaca ciertamente el Sínodo de los Obispos, que la constitución apostólica *Episcopalis communio* ha transformado de ser un evento a un proceso eclesial. Establecido por san Pablo VI como Asamblea de obispos convocada para participar, a través del consejo, en la solicitud del Romano Pontífice por toda la Iglesia, es ahora, en forma de proceso por etapas, expresión e instrumento de la relación constitutiva entre todo el Pueblo de Dios, el Colegio de los obispos y el Papa. En efecto, todo el santo Pueblo de Dios, los obispos a quienes se les confía sus porciones y el Obispo de Roma, participan plenamente en el proceso sinodal, cada uno según su propia función. Esta participación se manifiesta en la Asamblea sinodal reunida en torno al Papa, que, en su composición, muestra la catolicidad de la Iglesia.

En particular, como explicó el Papa Francisco, la composición de esta XVI Asamblea General Ordinaria es «más que un hecho contingente. Esta expresa una modalidad del ejercicio del ministerio episcopal coherente con la Tradición viva de la Iglesia y con la enseñanza del Concilio Vaticano II» (*Discurso en la Primera Congregación General de la Segunda Sesión de la XVI Asamblea General Ordinaria del Sínodo de los Obispos*, 2 de octubre de 2024). El Sínodo de los Obispos, aun conservando su naturaleza episcopal, ha visto y podría ver en el futuro, en la participación de otros miembros del Pueblo de Dios, «la forma en que está llamado a asumir el ejercicio de la autoridad episcopal en una Iglesia consciente de ser constitutivamente relacional y por ello sinodal» (*ib*), para la misión. En la profundización de la identidad del Sínodo de los Obispos es esencial que, en el proceso sinodal y en las Asambleas, aparezca y se realice concretamente la articulación entre la implicación de todos (el Pueblo santo de Dios), el ministerio de algunos (el Colegio episcopal) y la presidencia de uno (el Sucesor de Pedro).

137. Entre los frutos más significativos del Sínodo 2021-2024 está la intensidad del impulso ecuménico. La necesidad de encontrar «una forma de ejercicio del primado que [...] se abra

a una situación nueva» (UUS 95) es un desafío fundamental tanto para una Iglesia sinodal misionera como para la unidad de los cristianos. El Sínodo acoge con satisfacción la reciente publicación del Dicasterio para la Promoción de la Unidad de los Cristianos de *El Obispo de Roma. Primado y sinodalidad en los diálogos ecuménicos y en las respuestas a la encíclica Ut unum sint*, que ofrece perspectivas para una ulterior profundización. El documento muestra que la promoción de la unidad de los cristianos es un aspecto esencial del ministerio del Obispo de Roma y que el camino ecuménico ha favorecido una comprensión más profunda del mismo. Las propuestas concretas que contiene sobre una relectura o un comentario oficial de las definiciones dogmáticas del Concilio Vaticano I sobre el primado, una distinción más clara entre las distintas responsabilidades del Papa, la promoción de la sinodalidad y la búsqueda de un modelo de unidad basado en una eclesiología de comunión, ofrecen perspectivas prometedoras para el camino ecuménico. La Asamblea sinodal espera que este documento sirva de base para ulteriores reflexiones con los otros cristianos, «por supuesto juntos», sobre el ejercicio del ministerio de unidad del Obispo de Roma como «servicio de amor reconocido por unos y otros» (UUS 95).

138. La riqueza que representa la participación de delegados fraternos de otras Iglesias y Comuniones cristianas en la Asamblea sinodal nos invita a prestar más atención a las prácticas sinodales de nuestros interlocutores ecuménicos, tanto de Oriente como de Occidente. El diálogo ecuménico es fundamental para desarrollar una comprensión de la sinodalidad y de la unidad de la Iglesia. Nos empuja a imaginar prácticas sinodales auténticamente ecuménicas, incluso hasta formas de consulta y discernimiento sobre cuestiones urgentes de interés común, como podría ser la celebración de un sínodo ecuménico sobre la evangelización. También nos invita a rendir cuentas recíprocamente de lo que somos, lo que hacemos y lo que enseñamos. En la raíz de esta posibilidad está el hecho de que estamos unidos en el único Bautismo, del que brota la identidad del Pueblo de Dios y el dinamismo de la comunión, la participación y la misión.

139. El 2025, Año del Jubileo, es también el aniversario del primer Concilio Ecuménico, en el que se formuló, de manera sinodal, el símbolo de la fe que une a todos los cristianos. La preparación y conmemoración conjunta del 1700 aniversario del Concilio de Nicea debería ser una ocasión para profundizar y confesar juntos la fe cristológica y poner en práctica formas de

sinodalidad entre los cristianos de todas las tradiciones. Será también una ocasión para promover iniciativas audaces en favor de una fecha común de pascua, de modo que podamos celebrar la resurrección del Señor el mismo día, como providencialmente sucederá en 2025, y dar así mayor fuerza misionera al anuncio de Aquel que es la vida y la salvación del mundo entero.

Parte V

«También yo os envío»

Formar un pueblo de discípulos misioneros

Jesús repitió: «Paz a vosotros. Como el Padre me ha enviado, así también os envío yo». Y, dicho esto, sopló sobre ellos y les dijo: «Recibid el Espíritu Santo» (Jn 20,21-22).

140. En la tarde de Pascua, Cristo entrega a los discípulos el don mesiánico de su paz y los hace partícipes de su misión. Su paz es plenitud de ser, armonía con Dios, con los hermanos y las hermanas, y con la creación; la misión es anunciar el Reino de Dios, ofreciendo a toda persona, sin excluir a nadie, la misericordia y el amor del Padre. El gesto delicado que acompaña las palabras del Resucitado recuerda lo que Dios hizo al principio. Ahora, en el Cenáculo, con el soplo del Espíritu comienza la nueva creación: nace un pueblo de discípulos misioneros.

141. Para que el Pueblo santo de Dios pueda testimoniar a todos la alegría del Evangelio, creciendo en la práctica de la sinodalidad, necesita

una formación adecuada: ante todo en la libertad de hijos e hijas de Dios en el seguimiento de Jesucristo, contemplado en la oración y reconocido en los pobres. La sinodalidad, en efecto, implica una profunda conciencia vocacional y misionera, fuente de un estilo renovado en las relaciones eclesiales, de nuevas dinámicas participativas y de discernimiento eclesial, así como de una cultura de la evaluación, que no puede establecerse sin el acompañamiento de procesos formativos específicos. La formación en el estilo sinodal de la Iglesia promoverá la conciencia de que los dones recibidos en el Bautismo son talentos que hay que hacer fructificar para el bien de todos: no pueden ocultarse ni permanecer inoperantes.

142. La formación del discípulo misionero comienza con la iniciación cristiana y hunde sus raíces en ella. En la historia de cada uno está el encuentro con muchas personas y grupos o pequeñas comunidades que han contribuido a introducirnos en la relación con el Señor y en la comunión de la Iglesia: padres y familiares, padrinos y madrinas, catequistas y educadores, animadores de la liturgia y trabajadores en el campo de la caridad, diáconos, presbíteros y el mismo obispo. A veces, una vez terminado el camino de la Iniciación, el vínculo con la comu-

nidad se debilita y se descuida la formación. Sin embargo, ser discípulos misioneros del Señor no es una meta que se alcanza de una vez para siempre. Implica conversión continua, crecimiento en el amor «hasta alcanzar la medida de la plenitud de Cristo» (Ef 4,13) y apertura a los dones del Espíritu para un testimonio vivo y gozoso de la fe. Por eso es importante redescubrir cómo la celebración dominical de la Eucaristía forma a los cristianos: «La plenitud de nuestra formación es la conformación con Cristo [...]: no se trata de un proceso mental y abstracto, sino de llegar a ser Él» (DD 41). Para muchos fieles, la Eucaristía dominical es el único contacto con la Iglesia: cuidar su celebración de la mejor manera, con particular atención a la homilía y a la «participación activa» (SC 14) de todos, es decisivo para la sinodalidad. En la Misa, de hecho, acontece como una gracia concedida desde lo alto, antes de ser el resultado de nuestros propios esfuerzos: bajo la presidencia *de uno* y gracias al ministerio de *algunos*, *todos* pueden participar en la doble mesa de la Palabra y del Pan. El don de la comunión, de la misión y de la participación –las tres piedras angulares de la sinodalidad– se realiza y se renueva en cada Eucaristía.

143. Una de las peticiones que ha surgido con más fuerza de todas las partes a lo largo del pro-

ceso sinodal es que la formación sea integral, continua y compartida. Su finalidad no es solo la adquisición de conocimientos teóricos, sino la promoción de la capacidad de apertura y encuentro, de compartir y colaborar, de reflexión y discernimiento en común, de lectura teológica de las experiencias concretas. Por tanto, debe cuestionar todas las dimensiones de la persona (intelectual, afectiva, relacional y espiritual) e incluir experiencias concretas debidamente acompañadas. Igualmente fue manifestada la insistencia en la necesidad de una formación en la que participen juntos hombres y mujeres, laicos, consagrados, ministros ordenados y candidatos para el ministerio ordenado, que les permita crecer en el conocimiento y estima mutuos y en la capacidad de colaborar. Esto requiere la presencia de formadores idóneos y competentes, capaces de confirmar con la vida lo que transmiten con la palabra: solo así la formación será verdaderamente generadora y transformadora. Tampoco debemos pasar por alto la contribución que las disciplinas pedagógicas pueden aportar a la preparación de cursos de formación bien orientados, atentos a los procesos de aprendizaje en la edad adulta y al acompañamiento de las personas y las comunidades. Por tanto, debemos invertir en la formación de formadores.

144. La Iglesia dispone ya de muchos lugares y recursos para la formación de discípulos misioneros: familias, pequeñas comunidades, parroquias, agregaciones eclesiales (institutos, movimientos y nuevas comunidades), seminarios, comunidades religiosas, instituciones académicas, pero también lugares de servicio y de trabajo con los marginados, experiencias misioneras y de voluntariado. En todos estos ámbitos la comunidad expresa su capacidad de educar en el discipulado y de acompañar en el testimonio, en un encuentro que a menudo reúne a personas de distintas generaciones, desde los más jóvenes hasta los ancianos. En la Iglesia nadie es mero destinatario de la formación: todos somos sujetos activos y tenemos algo que donar a los demás. La piedad popular es también un tesoro precioso de la Iglesia, que enseña el camino a todo el Pueblo de Dios.

145. Entre las prácticas formativas que pueden recibir un nuevo impulso de la sinodalidad, se debe prestar particular atención a la catequesis para que, además de declinarse en los itinerarios de la Iniciación, sea cada vez más «en salida» y hacia fuera. Las comunidades de discípulos misioneros sabrán practicarla en el signo de la misericordia y acercarla a la experiencia de cada uno, llevándola a las periferias existenciales, sin

perder en esto la referencia al *Catecismo de la Iglesia católica*. Puede convertirse así en un «laboratorio de diálogo» con los hombres y mujeres de nuestro tiempo (cf Pontificio Consejo para la Promoción de la Nueva Evangelización, *Directorio general para la catequesis*, 54) e iluminar su búsqueda de sentido. En muchas Iglesias, los catequistas son el recurso fundamental para el acompañamiento y la formación; en otras, su servicio debe ser más valorado y sostenido por la comunidad, alejándose de una lógica de delegación, que contradice la sinodalidad. Teniendo en cuenta la amplitud de los fenómenos migratorios, es importante que la catequesis promueva el conocimiento mutuo entre las Iglesias de los países de origen y de acogida.

146. Además de los ambientes y recursos específicamente pastorales, la comunidad cristiana está presente en muchas otras instituciones de formación, como la escuela, la formación profesional, la universidad, la formación para el compromiso social y político, el mundo del deporte, la música y el arte. A pesar de la diversidad de contextos culturales, que determinan prácticas y tradiciones muy diferentes, las instituciones de formación de inspiración católica están a menudo en contacto con personas que no frecuentan otros ambientes eclesiales. Inspiradas en las

prácticas de la sinodalidad, pueden convertirse en un laboratorio de relaciones amistosas y participativas, en un contexto en el que el testimonio de vida, las competencias y la organización educativa son principalmente laicales e implican prioritariamente a las familias. En particular, las escuelas y universidades de inspiración católica desempeñan un papel importante en el diálogo entre fe y cultura y en la educación moral en valores, ofreciendo una formación orientada a Cristo, icono de la vida en plenitud. Cuando lo consiguen, se muestran capaces de promover una alternativa a los modelos dominantes, a menudo inspirados en el individualismo y la competencia, asumiendo así también una función profética. En algunos contextos, son el único ámbito en el que los niños y los jóvenes entran en contacto con la Iglesia. Cuando se inspiran en el diálogo intercultural e interreligioso, su acción educativa es apreciada también por personas de otras tradiciones religiosas como una forma de auténtica promoción humana.

147. La formación sinodal compartida para todos los bautizados constituye el horizonte dentro del cual comprender y practicar la formación específica necesaria para los ministerios individuales y para los diversos estados de vida. Para ello es necesario que se realice como inter-

cambio de dones entre las diversas vocaciones (comunión), en la perspectiva de un servicio a realizar (misión) y en un estilo de implicación y educación en la corresponsabilidad diferenciada (participación). Esta exigencia, surgida con fuerza del proceso sinodal, requiere no pocas veces un exigente cambio de mentalidad y un enfoque renovado de los ambientes y procesos formativos. Implica, sobre todo, una disposición interior a dejarse enriquecer por el encuentro con hermanos y hermanas en la fe, superando prejuicios y visiones partidistas. La dimensión ecuménica de la formación no puede sino favorecer este cambio de mentalidad.

148. A lo largo del proceso sinodal se ha expresado ampliamente la petición de que los itinerarios de discernimiento y formación de los candidatos al ministerio ordenado se configuren al estilo sinodal. Esto significa que deben prever una presencia significativa de figuras femeninas, una inserción en la vida cotidiana de las comunidades y una educación para colaborar con todos en la Iglesia y practicar el discernimiento eclesial. Esto implica una valiente inversión de energía en la preparación de los formadores. La Asamblea pide una revisión de la *Ratio Fundamentalis Institutionis Sacerdotalis* que incorpore las peticiones maduradas en el Sínodo, traduciéndolas

en indicaciones precisas para una formación a la sinodalidad. Los cursos de formación deben ser capaces de despertar en los candidatos la pasión por la misión *ad gentes*. No menos necesaria es la formación de los obispos, para que puedan asumir mejor su misión de componer en la unidad los dones del Espíritu y ejercer en estilo sinodal la autoridad que les ha sido conferida. El estilo sinodal de formación implica que la dimensión ecuménica esté presente en todos los aspectos del camino hacia el ministerio ordenado.

149. En la formación del Pueblo de Dios a la sinodalidad, es necesario considerar también algunos ámbitos específicos, sobre los que el proceso sinodal ha llamado insistentemente la atención. El primero se refiere al impacto del entorno digital en los procesos de aprendizaje, en la capacidad de concentración, en la percepción de sí mismo y del mundo, y en la construcción de las relaciones interpersonales. La cultura digital constituye una dimensión crucial del testimonio de la Iglesia en la cultura contemporánea, así como un campo misionero emergente. Por eso es necesario cuidar que el mensaje cristiano esté presente en la red de modos fiables que no distorsionen su contenido de forma ideológica. Aunque lo digital tiene un gran potencial para mejorar nuestras vidas, también puede causar

daños y perjuicios, a través del acoso, la desinformación, la explotación sexual y la adicción. Es importante que las instituciones educativas de la Iglesia ayuden a niños y adultos a desarrollar habilidades críticas para navegar con seguridad por la red.

150. Otro ámbito de gran importancia es la promoción en todos los ambientes eclesiales de una cultura de tutela y protección (*safeguarding*), para hacer de las comunidades lugares cada vez más seguros para los menores y las personas vulnerables. Ya se ha comenzado a trabajar para dotar a las estructuras eclesiales de normas y procedimientos legales que permitan prevenir los abusos y responder a tiempo ante comportamientos inadecuados. Es necesario continuar con este compromiso, ofreciendo una formación específica y continua, adecuada a quienes trabajan en contacto con menores y adultos vulnerables, para que puedan actuar con competencia y sepan captar las señales, a menudo silenciosas, de quienes están viviendo un drama y necesitan ayuda. La acogida y el apoyo a las víctimas es una tarea delicada e indispensable que requiere una gran humanidad y debe llevarse a cabo con la ayuda de personas cualificadas. Todos debemos dejarnos estremecer por su sufrimiento y practicar esa proximidad que, mediante op-

ciones concretas, les alivia, les ayuda y prepara un futuro diferente para todos. Los procesos de *safeguarding* deben ser objeto de seguimiento y evaluación constantes. Las víctimas y los supervivientes deben ser acogidos y apoyados con gran sensibilidad.

151. Los temas de la doctrina social de la Iglesia, el compromiso por la paz y la justicia, el cuidado de la casa común y el diálogo intercultural e interreligioso también deben ser más difundidos en el Pueblo de Dios, para que la acción de los discípulos misioneros incida en la construcción de un mundo más justo y fraterno. El compromiso por la defensa de la vida y los derechos de la persona, por el orden justo de la sociedad, por la dignidad del trabajo, por una economía justa y solidaria, por una ecología integral, forman parte de la misión evangelizadora que la Iglesia está llamada a vivir y encarnar en la historia.

Conclusión

Un banquete para todos los pueblos

Al saltar a tierra, ven unas brasas con un pescado puesto encima y pan. Jesús les dice: «Vamos, almorzad». Ninguno de los discípulos se atrevía a preguntarle quién era, porque sabían bien que era el Señor. Jesús se acerca, toma el pan y se lo da, y lo mismo el pescado (Jn 21,9.12.13).

152. El relato de la pesca milagrosa termina con un banquete. El Resucitado ha pedido a los discípulos que obedezcan su palabra, que echen las redes y las saquen a tierra; es Él, sin embargo, quien prepara la mesa y les invita a comer. Hay panes y peces para todos, como cuando los había multiplicado para la multitud hambrienta. Por encima de todo, está el estupor y el encanto de su presencia, tan clara y resplandeciente que no se hacen preguntas. Al comer con los suyos, después de que le habían abandonado y negado, el Resucitado abre de nuevo el espacio de la comunión e imprime para siempre en los discípulos la huella de una misericordia que se abre de par

157

en par al futuro. Por eso, los testigos de la Pascua se calificarán así: «Nosotros que hemos comido y hemos bebido con él después de su resurrección de entre los muertos» (He 10,41).

153. En el banquete del Resucitado con los discípulos encuentra cumplimiento la imagen del profeta Isaías que inspiró los trabajos de la Asamblea sinodal: una mesa sobreabundante y deliciosa preparada por el Señor en la cima del monte, símbolo de convivialidad y comunión, destinada a todos los pueblos (Is 25,6-8). La mesa que el Señor prepara para los suyos después de la Pascua es un signo de que el banquete escatológico ya ha comenzado. Aunque solo en el cielo tendrá su plenitud, la mesa de la gracia y de la misericordia ya está puesta para todos y la Iglesia tiene la misión de llevar este espléndido anuncio a un mundo cambiante. Mientras se alimenta en la Eucaristía del Cuerpo y de la Sangre del Señor, sabe que no puede olvidar a los pobres, a los últimos, a los excluidos, a los que no conocen el amor y están sin esperanza, ni a los que no creen en Dios o no se reconocen en ninguna religión instituida. Los lleva al Señor en la oración y luego sale a su encuentro, con la creatividad y audacia que le inspira el Espíritu. Así, la sinodalidad de la Iglesia se convierte en profecía social, inspirando nuevos caminos tam-

bién para la política y la economía, colaborando con todos los que creen en la fraternidad y la paz en un intercambio de dones con el mundo.

154. Viviendo el proceso sinodal hemos tomado nueva conciencia de que la salvación que hay que recibir y proclamar pasa a través de las relaciones. Se vive y se testimonia juntos. La historia se nos presenta trágicamente marcada por la guerra, la rivalidad por el poder, por miles injusticias y represiones. Sabemos, sin embargo, que el Espíritu ha puesto en el corazón de cada ser humano un deseo profundo y silencioso de relaciones auténticas y de vínculos verdaderos. La creación misma habla de unidad y de compartir, de variedad y de entrelazamiento entre las distintas formas de vida. Todo nace de la armonía y tiende a la armonía, incluso cuando sufre la herida devastadora del mal. El sentido último de la sinodalidad es el testimonio que la Iglesia está llamada a dar de Dios, Padre, Hijo y Espíritu Santo, la armonía del amor que se derrama de sí misma para darse al mundo. Caminando en estilo sinodal, en el entrelazamiento de nuestras vocaciones, carismas y ministerios, y saliendo al encuentro de todos para llevar la alegría del Evangelio, podremos vivir la comunión que salva: con Dios, con toda la humanidad y con toda la creación. De este modo, gracias al compartir,

comenzaremos ya a experimentar el banquete de vida que Dios ofrece a todos los pueblos.

155. A la Virgen María, que lleva el espléndido título de *Odigitria,* Aquella que indica y guía el camino, confiamos los resultados de este Sínodo. Que Ella, Madre de la Iglesia, que en el Cenáculo ayudó a la comunidad naciente a abrirse a la novedad de Pentecostés, nos enseñe a ser un Pueblo de discípulos misioneros que caminan juntos: una Iglesia sinodal.

26 de octubre de 2024

Franciscus

APÉNDICE

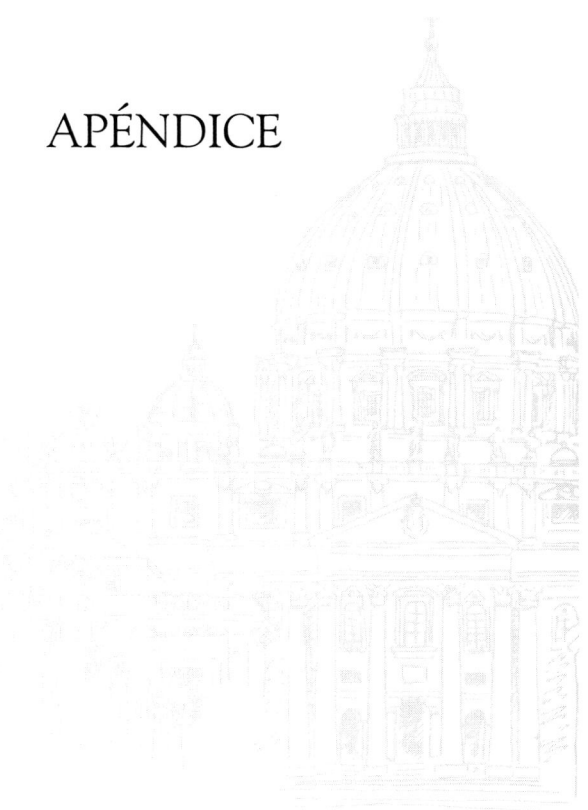

Los textos del Santo Padre contenidos en este Apéndice se refieren a la Segunda Sesión de la XVI Asamblea General Ordinaria del Sínodo de los Obispos (2-27 de octubre de 2024).

1ª Congregación General

Discurso inaugural

Aula Pablo VI, miércoles 2 de octubre de 2024

Queridos hermanos y hermanas:

Desde que la Iglesia de Dios ha sido «convocada en Sínodo», en octubre de 2021, hemos recorrido juntos una parte del largo camino al que Dios Padre llama desde siempre a su pueblo, enviándolo entre todas las gentes para llevar el alegre anuncio de que Jesucristo es nuestra paz (cf Ef 2,14) y confirmándolo en la misión con el Santo Espíritu.

Esta Asamblea, guiada por el Espíritu Santo, que «infunde calor de vida en el hielo, doma el espíritu indómito, guía al que tuerce el sendero» *(Secuencia de Pentecostés)*, deberá ofrecer su contribución para que se conforme una Iglesia sinodal en misión, que sepa salir de sí misma y habitar las periferias geográficas y existenciales cuidando que se establezcan lazos con todos en Cristo, nuestro Hermano y Señor.

Hay un texto de un autor espiritual del s. IV que podría resumir lo que sucede cuando se deja obrar al Espíritu Santo a partir del Bautismo, que nos genera a todos en igual dignidad (cf MACARIO DE ALEJANDRÍA, *Hom.* 18, 7-11; PG 34, 639-642). Las experiencias que describe nos permiten reconocer lo que ha sucedido en estos tres años y cuanto podrá todavía suceder.

La reflexión de este autor espiritual nos ayuda a comprender que el Espíritu Santo es una guía segura, y nuestra primera tarea es aprender a distinguir su voz, porque Él habla en todos y en todas las cosas. Este proceso sinodal nos ha permitido experimentarlo.

El Espíritu Santo nos acompaña siempre. Es consuelo en la tristeza y en el llanto, sobre todo, cuando –precisamente por el amor que nutrimos por la humanidad– frente a lo que no va bien, a las injusticias que prevalecen, a la obstinación con la que nos oponemos a responder con el bien frente al mal, a la dificultad de perdonar, a la falta de valentía para buscar la paz, caemos en el desánimo, nos parece que no haya nada que hacer y nos entregamos a la desesperación. Así como la esperanza es la virtud más humilde pero también la más fuerte, la desesperación es lo peor.

El Espíritu Santo enjuga las lágrimas y consuela porque comunica la esperanza de Dios. Dios no se cansa, porque su amor no se cansa.

El Espíritu Santo penetra en aquella parte de nosotros que frecuentemente es muy parecida a las salas de los tribunales, donde ponemos a los imputados en el banquillo y formulamos nuestros juicios, normalmente para condenarlos. Precisamente Macario, en su homilía, nos dice que el Espíritu Santo enciende un fuego en quienes lo reciben, «los inflama con una alegría y amor tan grandes que, si pudieran, abrazarían en su corazón a todos, sin distinción de buenos y malos». Esto porque Dios acoge a todos, siempre, no lo olvidemos: a todos, todos, todos y siempre; y a todos ofrece nuevas posibilidades de vida, hasta el último momento. Es por esto que nosotros debemos perdonar a todos y siempre, conscientes de que la disposición a perdonar nace de la experiencia de haber sido perdonados. Solo uno es incapaz de perdonar: aquel que no ha sido perdonado.

Ayer, durante la vigilia de penitencia tuvimos esta experiencia. Hemos pedido perdón, nos hemos reconocido pecadores. Hemos dejado de lado el orgullo, nos hemos alejado de la presunción de sentirnos mejores que los demás. ¿Nos ha ayudado a ser más humildes?

También la humildad es un don del Espíritu Santo, y debemos pedírselo. La humildad, como dice la etimología de la palabra, nos restituye a la tierra, al *humus,* y nos recuerda el origen, donde sin el soplo del Creador continuaríamos siendo barro sin vida. La humildad nos permite mirar al mundo reconociendo que no somos mejores que los demás. Como dice san Pablo: «no os tengáis por sabios» (Rom 12,16). Y no se puede ser humildes sin amor. Los cristianos deberían ser como aquellas mujeres descritas por Dante Alighieri en un soneto, mujeres que tienen dolor en el corazón por la pérdida del padre de su amiga Beatriz: «Vosotras que traéis semblante humilde, bajos los ojos y el dolor marcado» (*La Vida Nueva*, XXII, 9). Esta es la humildad solidaria y compasiva, de quien se siente hermano y hermana de todos, padeciendo el mismo dolor, y reconociendo en las heridas y en las llagas de cada uno, las heridas y las llagas de nuestro Señor.

Los invito a meditar en oración sobre este hermoso texto espiritual, y a reconocer que la Iglesia –*semper reformanda*– no puede caminar y renovarse sin el Espíritu Santo y sus sorpresas; sin dejarse modelar por las manos de Dios creador, del Hijo, Jesucristo, y del Espíritu Santo, como nos enseña san Ireneo de Lyon (cf *Contra las herejías*, IV, 20, 1).

En efecto, desde que en el principio Dios sacó de la tierra al hombre y a la mujer; desde que Dios llamó a Abrahán a ser una bendición para todos los pueblos de la tierra y llamó a Moisés para conducir a través del desierto a un pueblo liberado de la esclavitud; desde que la Virgen María acogió la Palabra que la hizo Madre del Hijo de Dios según la carne y Madre de cada discípulo y de cada discípula de su Hijo; desde que el Señor Jesús, crucificado y resucitado, derramó su Santo Espíritu en Pentecostés: desde entonces estamos en camino, como «misericordiados», hacia el pleno y definitivo cumplimiento del amor del Padre. Y no olvidemos esta palabra: somos «misericordiados».

Conocemos la belleza y la fatiga del camino. Lo recorremos juntos, como pueblo que, también en este tiempo, es signo e instrumento de íntima unión con Dios y de la unidad de todo el género humano (cf LG 1). Lo recorremos con cada hombre y cada mujer de buena voluntad y para todos ellos, pues en cada uno de ellos trabaja invisiblemente la gracia (cf GS 22). Lo recorremos convencidos de la esencia relacional de la Iglesia, cuidando que las relaciones que nos han sido donadas y que han sido encomendadas a nuestra responsable creatividad sean siempre manifestaciones de la gratuidad de la misericordia. Alguien que se dice cristiano y no entra en la gratuidad y en la misericordia de Dios es simplemente un ateo disfrazado de cristiano. La misericordia de Dios nos hace confiables y responsables.

Hermanas, hermanos, recorramos este camino sabiendo que hemos sido llamados a reflejar la luz de nuestro sol, que es Cristo, como pálida luna que asume fiel y gozosamente la misión de ser para el mundo sacramento de aquella luz, que no brilla por nosotros mismos.

La XVI Asamblea General Ordinaria del Sínodo de los Obispos, que llega ahora a su Segunda Sesión, está manifestando en modo original este «caminar juntos» del Pueblo de Dios.

La inspiración que tuvo el Papa san Pablo VI, cuando en 1965 instituyó el Sínodo de los Obispos, se ha revelado muy fecunda. En los sesenta años transcurridos desde entonces hemos aprendido a reconocer en el Sínodo de los Obispos un sujeto plural y sinfónico capaz de sostener el camino y la misión de la Iglesia católica, ayudando de modo eficaz al Obispo de Roma en su servicio a la comunión de todas las Iglesias y de la Iglesia toda.

San Pablo VI era perfectamente consciente de que «este Sínodo, como todas las instituciones humanas, se podrá ir perfeccionando con el pasar del tiempo» (*Apostolica sollicitudo*, 15 de septiembre de 1965). La constitución apostólica *Episcopalis communio* ha buscado sacar provecho de la experiencia de las distintas Asambleas sinodales (ordinarias, extraordinarias, especiales), configurando de modo explícito la Asamblea sinodal como proceso y no solo como evento.

El proceso sinodal es también un proceso de aprendizaje, durante el cual la Iglesia aprende a conocerse mejor a sí misma y a individuar las formas de acción pastoral más adecuadas para la misión que su Señor le confía. Este proceso de aprendizaje implica también las formas de ejercicio del ministerio de los pastores, en particular de los obispos.

Cuando decidí convocar como miembros de pleno derecho de esta XVI Asamblea también a un número significativo de laicos y consagrados (hombres y mujeres), diáconos y presbíteros, desarrollando cuanto ya en parte estaba previsto para las precedentes Asambleas, lo hice en coherencia con la comprensión del ejercicio del ministerio episcopal expresada por el Concilio Ecuménico Vaticano II: el obispo, principio y fundamento visible de unidad de la Iglesia particular, no puede vivir su servicio sino en el Pueblo de Dios, con el Pueblo de Dios, precediendo, estando en medio, y siguiendo la porción del Pueblo de Dios que le ha sido confiada. Esta comprensión inclusiva del ministerio episcopal exige ser puesta de manifiesto y reconocible, evitando dos peligros: el primero, la abstracción que olvida la fértil concreción de los lugares y de las relaciones, y el valor de cada persona; el segundo peligro es el de romper la comunión contraponiendo jerarquía a fieles laicos. Por supuesto, no se trata de sustituir la una con los otros, agitados por el grito: «ahora nos toca a nosotros». No, esto no está bien, decir «ahora nos toca a nosotros, los laicos», «ahora nos toca a nosotros, los sacerdotes»; no, esto no está bien. Se nos pide más bien ejercitarnos juntos en un arte sinfónico, en una composición que nos une a todos en el servicio al servicio de la misericordia de Dios, según los diferentes ministerios y carismas que el obispo tiene la tarea de reconocer y promover.

Caminar juntos, todos, todos, todos, es un proceso en el cual la Iglesia, dócil a la acción del Espíritu Santo, sensible en el captar los signos de los tiempos (cf GS 4), se renueva continuamente y perfecciona su sacramentalidad, para ser testigo creíble de la misión a la que ha sido llamada, para reunir a todos los pueblos de la tierra en el único Pueblo esperado al final, cuando Dios mismo nos hará sentar en el banquete que Él ha preparado (cf Is 25,6-10).

La composición de esta XVI Asamblea es, por tanto, algo más que un hecho contingente. Esta expresa una modalidad del ejercicio del ministerio episcopal coherente con la Tradición viva de la Iglesia y con la enseñanza del Concilio Vaticano II. Nunca el obispo, como tampoco ningún cristiano, puede pensar en sí mismo «sin el otro». Como nadie se salva solo, el anuncio de la salvación tiene necesidad de todos y de que todos sean escuchados.

La presencia en la Asamblea del Sínodo de los Obispos de miembros que no son obispo no disminuye la dimensión «episcopal» de la Asamblea. Y esto lo menciono por si surge alguna tempestad de rumores que van de un lado para otro. Mucho menos pone algún límite o exención a la autoridad propia de cada obispo y del Colegio episcopal. Esta más bien señala la forma en que está llamada a asumir el ejercicio de la autoridad episcopal en una Iglesia consciente de ser constitutivamente relacional y por ello sinodal. La relación con Cristo y entre todos en Cristo –aquellos que están y los que todavía no están, pero que el Padre espera– realiza la sustancia y modela en cada tiempo la forma de la Iglesia.

Se deben individuar, en tiempos adecuados, distintas formas de ejercicio «colegial» y «sinodal» del ministerio episcopal (en las Iglesias particulares, en los agrupamientos de Iglesias, en la Iglesia toda), siempre respetando el depósito de la fe y la Tradición viva, siempre respondiendo a lo que el Espíritu pide a las Iglesias en este tiempo particular y en los distintos contextos en los que viven. Y no olvidemos que el Espíritu es la armonía. Pensemos en aquella mañana de Pentecostés: había un tremendo desorden, pero Él construía la armonía en medio de ese desorden. No olvidemos que Él es precisamente la armonía: no se trata de una armonía sofisticada o intelectual, sino de un todo, es una armonía existencial.

Es el Espíritu Santo quien hace posible la perenne fidelidad de la Iglesia al mandato del Señor Jesucristo y la perenne escucha de su palabra. El Espíritu guía a los discípulos hacia la verdad toda entera (cf Jn 16,13). Nos está guiando también a nosotros, reunidos en el Espíritu Santo en esta Asamblea, para dar una respuesta, después de tres años de camino, a la pregunta de «cómo ser Iglesia sinodal misionera». Yo agregaría también, misericordiosa.

Con el corazón lleno de esperanza y de gratitud, consciente de la exigente tarea que se les ha confiado (y que se *nos* ha confiado), deseo a todos una apertura que sea disponible a la acción del Espíritu Santo, nuestro guía seguro, nuestra consolación. Gracias.

17ª Congregación General

Saludo final

Aula Pablo VI, sábado 26 de octubre de 2024

Queridos hermanos y hermanas:

Con el *Documento final* hemos recogido el fruto de años, tres por lo menos, en los cuales nos hemos puesto a la escucha del Pueblo de Dios para comprender mejor cómo ser «Iglesia sinodal» –se trata de la escucha del Espíritu Santo– en el tiempo presente. Las referencias bíblicas que abren cada capítulo disponen el mensaje, confrontándolo con los gestos y las palabras del Señor resucitado que nos llama a ser testigos de Su Evangelio, antes con la vida que con las palabras.

El *Documento* sobre el que hemos expresado nuestro voto es un triple regalo:

1. Un regalo, en primer lugar, para mí, Obispo de Roma. Al convocar a la Iglesia de Dios en Sínodo era consciente de tener necesidad de

ustedes, obispos y testigos del camino sinodal. Gracias.

Pues también el Obispo de Roma, me lo recuerdo frecuentemente a mí mismo y a ustedes, necesita poner en práctica la escucha, es más, quiere hacerlo, para poder responder a la Palabra que cada día le repite: «Confirma a tus hermanos y a tus hermanas» [...]. «Apacienta mis ovejas» [...].

Mi tarea, como bien saben, es custodiar y promover –como nos enseña san Basilio– la armonía que el Espíritu sigue difundiendo en la Iglesia de Dios, en las relaciones entre las Iglesias, no obstante todos los esfuerzos, tensiones y divisiones que caracterizan su camino hacia la plena manifestación del Reino de Dios, que la visión del profeta Isaías nos invita a imaginar como un banquete preparado por Dios para todos los pueblos. Todos, con la esperanza de que no falte ninguno. ¡Todos, todos, todos! Que nadie quede fuera, todos. Y la palabra clave es esta: la armonía. Lo que hace el Espíritu Santo, su primera manifestación fuerte en la mañana de Pentecostés, es armonizar todas las diferencias, todos los idiomas... Armonía. Y esto es lo que enseña el Concilio Vaticano II cuando dice que la Iglesia es «como un sacramento»: que es signo e instrumento de la espera de Dios, que ya ha preparado la mesa y está esperando. Su Gracia, a través de su Espíritu, susurra palabras de amor en el corazón de cada uno. A nosotros nos toca amplificar la voz de este susurro sin obstaculizarlo; abrir puertas sin levantar muros. ¡Cuánto mal hacen las mujeres y los hombres de Iglesia cuando alzan muros, cuánto mal! ¡Todos, todos, todos! No debemos comportarnos como «dispensadores de la Gracia» que se apropian del tesoro atando las manos del Dios misericordioso. Recuerden que comenzamos esta Asamblea sinodal pidiendo perdón, sintiendo vergüenza, reconociendo que todos hemos sido misericordiados.

Hay una poesía de Madeleine Delbrêl, la mística de las periferias, que exhortaba: «sobre todo, a no mostrarse rígido» –la rigidez es un pecado, es un pecado que a veces entra en los clérigos, en los consagrados, en las consagradas–. Les leo algunos versos de Madeleine Delbrêl, que son una oración. Ella dice así:

> *Porque pienso que debes estar cansado*
> *de gente que hable siempre de servirte*
> *con aire de capitanes;*
> *de conocerte con ínfulas de profesor;*
> *de alcanzarte a través de reglas del deporte;*
> *de amarte como se ama un viejo matrimonio.*
> *[...]*
> *Haznos vivir nuestra vida,*
> *no como un juego de ajedrez en el que todo se calcula,*
> *no como un partido en el que todo es difícil,*

no como un teorema que nos rompe la cabeza,
sino como una fiesta sin fin
donde se renueva el encuentro contigo,
como un baile, como una danza
entre los brazos de tu gracia,
con la música universal del amor.

Estos versos pueden convertirse en la música de fondo para acoger el *Documento final.* Y ahora, a la luz de lo que ha surgido del camino sinodal, hay y habrá decisiones que tomar.

En este tiempo de guerras, debemos ser testigos de paz, aprendiendo también a dar forma real a la convivencia de las diferencias.

Por eso no pretendo publicar una «Exhortación apostólica», basta con lo que se ha aprobado. En el *Documento* hay ya indicaciones muy concretas que pueden ser una guía para la misión de las Iglesias, en los diversos continentes, en los diferentes contextos: por eso lo pongo ahora a disposición de todos, por eso he dicho que se publique. Quiero, de este modo, reconocer el valor del camino sinodal realizado, que con este *Documento* entrego al santo Pueblo fiel de Dios.

Sobre algunos aspectos de la vida de la Iglesia señalados en el *Documento,* así como sobre los temas confiados a los diez Grupos de Estudio, que deben trabajar con libertad, para que me ofrezcan propuestas, se necesita tiempo, a fin de llegar a opciones que impliquen a la Iglesia toda. Yo, pues, seguiré a la escucha de los obispos y de las Iglesias a ellos confiadas.

Esto no se trata del modo clásico para postergar al infinito las decisiones. Es lo que corresponde al estilo sinodal con el que también el ministerio petrino se ejercita: escuchar, convocar, discernir, decidir y evaluar. Y en estos pasos son necesarias las pausas, los silencios, la oración. Es un estilo que estamos aprendiendo juntos, poco a poco. El Espíritu Santo nos llama y nos sostiene en este aprendizaje, que debemos comprender como proceso de conversión.

La Secretaría General del Sínodo y todos los Dicasterios de la Curia me ayudarán en esta tarea.

2. El *Documento* es un regalo para todo el Pueblo fiel de Dios, en la variedad de sus expresiones. Es obvio que no todos se pondrán a leerlo; serán sobre todo ustedes, junto con tantos otros, los que hagan accesible su contenido en las Iglesias locales. El texto, sin el testimonio de la experiencia realizada, perdería mucho de su valor.

3. Queridos hermanos y hermanas, lo que hemos vivido es un regalo que no podemos guardar solo para nosotros. El impulso que proviene de esta experiencia, de la cual el *Documento* es un

reflejo, nos da la valentía de testimoniar que es posible caminar juntos en la diversidad, sin condenarnos el uno al otro.

Venimos de todas las partes del mundo, marcados por la violencia, la pobreza, la indiferencia. Juntos, con la esperanza que no defrauda, unidos en el amor de Dios derramado en nuestros corazones, podemos no solo soñar con la paz sino comprometernos con todas nuestras fuerzas para que, quizá sin hablar tanto de sinodalidad, la paz se realice por medio de procesos de escucha, diálogo y reconciliación. La Iglesia sinodal para la misión ahora necesita que las palabras compartidas vayan acompañadas por hechos. Este es el camino.

Todo esto es don del Espíritu Santo: *Él es quien crea la armonía, Él es la armonía*. San Basilio tiene una hermosa teología al respecto; si pueden, lean el tratado de san Basilio sobre el Espíritu Santo. Él es la armonía. Hermanos y hermanas, que la armonía también continúe saliendo de esta aula y el Soplo del Resucitado nos ayude a compartir los dones recibidos.

Y recuerden –son aún palabras de Madeleine Delbrêl– que «hay lugares donde sopla el Espíritu, pero hay un Espíritu que sopla en todos los lugares».

Quisiera agradecerles a todos ustedes, y agradecernos mutuamente. Doy las gracias al cardenal Grech y al cardenal Hollerich por el trabajo que han realizado, a los dos subsecretarios, Hna. Becquart y Mons. Marín de San Martín –¡lo han hecho muy bien!–, a don Battocchio y al padre Costa ¡que nos han ayudado mucho! Saludo a todos los que han trabajado tras bambalinas, sin los cuales no habríamos podido hacer todo esto. ¡Muchas gracias! Que el Señor los bendiga. Recemos unos por otros. Gracias.

Índice